社長のための
SDGs
実践経営

経営方針を明確にし
ブランド力と人材力を高める

岡　春庭 ベイヒルズ税理士法人代表社員

中島 達朗 ㈱ふるサポ代表取締役・SDGsコンサルタント

岡 真裕美 特定社会保険労務士

マネジメント社

まえがき

　最近、SDGsという言葉をテレビや新聞、雑誌などで見聞きすることが本当に多くなってきました。SDGsのバッジをつけている人もよく見かけます。

　私自身、SDGsについての当初の認識は、「大企業が取り組むこと」、あるいは「NPOの人たちが取り組んでいる社会活動なのかな」という程度でした。ところがSDGsのことを知るにつれ、「これは私たちにとって非常に身近なものである」ということがわかってきました。

　そのきっかけとなったのは、海鳥が餌と間違って海洋プラスチックを飲み込んだり、ウミガメが鼻に突き刺さったストローを引き抜かれるときに涙を流したりしている映像を見たことでした。今までの経済至上主義が、環境汚染、地球温暖化、自然災害の多発をもたらしていて、これは一個人だけでなく、企業も含めて「地球を守る義務がある」のではないかと思うようになりました。

　そんなとき、トヨタ自動車の豊田章男社長が2020年5月の決算発表において、「トヨタはこれからSDGsに真剣に取り組む」ということを明確にしました。トヨタのような超大企業は、サプライヤーが20数次にわたります。そうなると今後サプライヤーはSDGsに取り組んでいかなければ、取引されずに淘汰されるのは十分予想されることです。

　また、菅首相の肝煎りで国を挙げてCO_2削減に取り組んでいますが、その削減目標を達成すべくトップクラスに立つリコーは、取引額の大きいサプライヤー企業300社にCO_2削減を促す説明会を開くなど、大手企業の動きが活発になってきました。

　私自身税理士ですが、税理士事務所のクライアントはほとんどが中小企業です。大企業のほとんどが取り組むようになったSDGsに、中小企業が無縁でいられるわけにはいきません。それは、淘汰されないためだけではなく、むしろSDGsにビジネスとして積極的に取り組むことで自社としての強みを磨き上げ、コモディティ化から脱却できることにもつながるのです。

つまり、守りのSDGsにとどまらず、「攻めのSDGs」に取り組むことで社会課題解決に結びつくビジネスを展開できれば、大きな飛躍のチャンスにもなりえるのです。

　巷ではSDGsに関する書籍が数多く出版されています。しかし、押しなべて大企業向けの本が多かったり、SDGsの解説書であったり、また理念や考え方についてのものも多く、中小企業がSDGsに取り組んでいくにはどうすればいいか、ということに関しての実践的なものが見当たりませんでした。

　そこで、中小企業の経営者が理解しやすく、実践的な内容の書籍が必要とされているのではないかということに思い至り、SDGsコンサルタントの中島達朗さん、社会保険労務士の岡真裕美さんとの共著で本書を発行することになりました。中小企業をクライアントに持つ税理士や社会保険労務士が、SDGs経営を広め啓蒙していくことが、われわれ専門家としての役割なのではないかと思っています。

　本書が中小企業経営者のSDGsへの理解を深める手助けとなり、SDGsの取り組みを始めることで持続可能なSDGs経営を推進し、事業の発展に少しでも役に立つことができれば幸いに思う次第です。

令和3年7月吉日

著者を代表して　岡　春庭

目　次

社長のための

SDGs
実践経営

まえがき————————————————————————3

Chapter **1** ニューノーマル時代の中小企業と SDGs 経営

1 世界的な SDGs の潮流を知る————————————12
(1) SDGs とは何だろう　12
(2) なぜ SDGs が注目されるようになったのか　13
(3) ESG 投資は SDGs と表裏の関係　14
(4) 欧米企業の取り組み　15
2 日本の SDGs への取り組みを知る————————16
(1) 日本の SDGs の達成状況　16
(2) 日本政府の取り組み　16
(3) 日本企業による SDGs の取り組み　18
3 中小企業の SDGs 浸透度は————————————20
(1) 中小企業の SDGs の調査　20
(2) 最近の SDGs 意識調査　22
(3) 社会における認知度　23
4 なぜ中小企業に SDGs が必要なのか————————25
(1) SDGs は一時のブームではない　25
(2) 中小企業が SDGs を導入するメリット　26
(3) SDGs を導入しないとどんなデメリットがあるのか　29

Chapter **2** SDGs を理解する

1 SDGs の 17 の目標と内容とは————————————32
(1) SDGs を俯瞰して捉える　32
(2) SDGs の目標をビジネスに活かすには　35
2 SDGs の関連用語を理解しよう————————————43
(1) SDGs の基本を理解しておく　43
3 中小企業に適した SDGs とは————————————46
(1) 自社の経営理念やビジョンを SDGs と関連づける　46
(2) 自社にマッチしたものを選ぶ　46
(3) 背伸びしすぎない　47
(4) 社員が理解し、社員を巻き込む　47

（5）自社のリスクチェックの視点で考える　*47*

（6）自社のビジネスチャンスになるという発想で考える　*48*

Chapter **3** SDGs 取り組みの成功事例に学ぶ

1 ジャパン SDGs アワード受賞企業分析 ──────── *50*

（1）ジャパン SDGs アワード　*50*

（2）Ｊアワード受賞のメリットと効果　*56*

（3）SDGs × SWOT 分析（受賞企業分析からのヒント）　*57*

2 地域で活躍する SDGs 企業 ──────── *65*

（1）「豊島事件を風化させない」の思いから　*65*

（2）NGP SDGs MODEL への挑戦　*66*

（3）災害発生時での被災車両の引き上げ　*70*

（4）NGP のアップサイクルプロジェクト「廃棄物から価値あるものへ」　*71*

Chapter **4** 自社の SDGs 対応を診断

1 SDGs 経営導入のための自社チェック ──────── *74*

（1）まず経営者自身が自社をチェックする　*74*

（2）経営者自己評価のチェック項目　*74*

（3）診断結果から取り組み度合のレベルを知る　*77*

（4）項目別に自社のレベルを知り、課題を見つける　*77*

2 SDGs ウォッシュにならない ──────── *81*

（1）SDGs ウォッシュとは　*81*

（2）SDGs ウォッシュと言われないためには　*82*

Chapter **5** SDGs 経営とパーパス

1 SDGs 経営の意義と SDGs 宣言 ──────── *84*

（1）新型コロナによる企業の内省的思考とパーパス　*84*

（2）パーパスを SDGs のなかに求める　*85*

（3）新型コロナ危機や SDGs への取り組みに際しての「社員向けトップメッセージ」　*88*

2 社会起業家に見る持続可能な中小企業経営のヒント ———————— 92
- (1) 社会起業家の定義 *92*
- (2) ソーシャルビジネス・コミュニティビジネス *94*
- (3) CSR と CSV *95*
- (4) 社員の意識改革やコーズ・リレーテッド・マーケティング *96*
- (5) BOP ビジネス *98*

3 副業での SDGs 視点 ————————————————————— *102*
- (1) プロボノ活動が増えている *102*
- (2) フリーになった副業・兼業 *103*

Chapter 6 ディーセントワークと働き方改革の推進

1 Z世代の仕事観を理解する —————————————————— *110*
- (1) ミレニアル世代とZ世代 *110*
- (2) Z世代の価値観 *111*

2 ディーセントワークに着目する ——————————————— *115*
- (1) ディーセントワークとは *115*
- (2) 働きがいを高めるには *116*
- (3) 働きがいを追求する会社のメリット *116*

3 働き方改革を通じた SDGs 実践手法 ——————————— *118*
- (1) 働き方改革とは *118*
- (2) 働き方改革・労働環境の整備で SDGs に取り組む *124*

4 SDGs で業績向上を目指す ————————————————— *128*
- (1) ディーセントワーク・チェックリスト *128*
- (2) 個々の生産性と企業の業績向上 *130*

Chapter 7 SDGs 経営を実践する

1 SDGs を理解し社内で共有する ——————————————— *132*
- (1) 自社の経営理念やビジョンを SDGs の言葉で共有する *132*
- (2) SDGs 推進の活動体制をつくる *133*
- (3) 社員への浸透を図る *135*

2 自社の活動を SDGs と紐づける ——————————————— *136*
- (1) 取り組み活動と SDGs の紐づけを理解する *136*

(2) バリューチェーンで取り組む活動をマッピングする　*138*

(3) 正の影響を与えるものか、負の影響を減じるものかの視点を持つ　*139*

3　何に取り組むかを決定し、目標を立てる————————*140*

(1) 取り組むビジョンや目的をより明確にする　*140*

(2) 取り組むべき戦略をリストアップする　*142*

(3) SWOT 分析で取り組むべき戦略を区分する　*143*

(4) 優先課題を検討する　*144*

(5) 優先課題を見極める　*145*

(6) 目標を立てる　*146*

(7) SDGs 目標達成へのシナリオロジックを描く　*148*

4　SDGs 経営計画を作成し、活動を開始する————————*150*

(1) SDGs 経営計画書を作成し、KPI を設定する　*150*

(2) アクションプランを立て、取り組みを始める　*153*

5　取り組み結果を評価し、次の展開に進む————————*154*

(1) 取り組み結果を測定・評価する　*154*

(2) 評価結果を基に次の展開へ進む　*155*

(3) 一連の取り組みを整理し、外部へ発信する　*156*

6　SDGs経営実践のまとめ————————*158*

(1) SDGs 経営を実践するための取り組みを整理する　*158*

(2) 中小企業の SDGs 経営実践事例　*159*

Chapter 8　地域創生と SDGs

1　自治体や地域金融機関での取り組み————————*164*

(1) SDGs 実施指針とアクションプラン　*164*

(2) アクションプランの重点事項　*166*

(3) 自治体の SDGs への取り組み　*170*

(4) 地域金融機関の動き　*174*

2　SDGs を共通言語にパートナーシップを構築する————————*182*

(1) 自治体・NPO・NGO とのパートナーシップ　*182*

(2) 大企業とのパートナーシップ　*183*

(3) 金融機関とのパートナーシップ　*184*

(4) 大学・研究機関とのパートナーシップ　*185*

(5) 地方創生 SDGs 官民連携プラットフォーム　*185*

Chapter 9 SDGs 経営をサポートする公的制度

1 改正された企業版ふるさと納税を活用 ──────── *188*

(1) 企業版ふるさと納税制度が生まれた背景 *188*

(2) 企業版ふるさと納税による節税効果 *189*

(3) 企業版ふるさと納税の留意点とメリット *192*

2 SDGs に関する制度を知り、活用する ──────── *193*

(1) カーボンオフセットの利用 *193*

(2) FSC、MSC といった認証規格品の利用 *194*

(3) SDGs 未来都市のパートナー登録 *196*

(4) SDGs に関わる補助金や助成金を活用する *197*

(5) 金融機関やファンドからの資金調達を活用する *198*

あとがき ──────────────────────── *200*

参考文献／参考サイト *204*

SDGs 関連用語問題 解答 *208*

SDGs 経営導入自己チェックシート *210*

Chapter 1

ニューノーマル時代の
中小企業と SDGs 経営

世界的な SDGs の潮流を知る

（1）SDGs とは何だろう

　最近よく SDGs という言葉を耳にしたり、新聞やテレビで見かけること
が多くなってきました。SDGs とは、「持続可能な開発目標（Sustainable
Development Goals）」のことです。

　SDGs は 2015 年 9 月、ニューヨーク国連本部において 193 の加盟国の
全会一致で採択されたものです。今までの経済至上主義がもたらした環境
問題や社会問題が深刻化するにつれ、このままでは地球が破壊されてしま
い、後の世代の生存はもとより、ビジネスを持続させることもできなくなっ
てくるという危機感が、その原点となっています。

SUSTAINABLE DEVELOPMENT G⭕ALS

そこで環境や経済、社会が抱える問題を解決し、持続可能な社会を実現するために、17のゴールと169のターゲットで構成され、さらに進捗状況をモニタリングするために、重複を含んで244の指標（現在は247）が設定され、2030年を達成年度としたSDGsが制定されたのです。

SDGsのコンセプトは、「地球上のだれ一人として取り残さない。または誰も置き去りにしてはいけない」とされ、アナン元国連事務総長が唱えたものです。SDGsには国や企業や経済という言葉はないのですが、持続可能な環境保全や地球上のあらゆる人と生物の多様性を重んじ、これを経済成長へ結びつけていく良好な循環サイクルを形成していくものです。

なおSDGsの具体的な内容については、第2章「SDGsを理解する」で説明します。

（2）なぜSDGsが注目されるようになったのか

ところで、なぜSDGsが注目されるようになってきたのでしょうか。

気候変動や生物多様性の損失、貧困や格差、紛争や人権侵害など世界にはさまざまな課題があふれています。これらを解決に導くためには、途上国だけでなく先進国も含めすべての国が、政治の面はさておき経済の面において抜本的に転換することを求められています。特にビジネスの世界においては、従来の短期利益を最大化しようとする経済合理性の追求は、経済的繁栄をもたらしてはきましたが、その反面、二酸化炭素といった温室効果ガスの排出、大気汚染、プラスチック等の使用による海洋汚染の問題、森林伐採などによる資源の枯渇、激甚自然災害の頻発など、社会や環境を荒らし、ひいてはブーメランとなって経済価値を毀損するという結果をもたらしてしまったのです。このままでは、地球の限界が近づいてしまうという危機感が底流となっています。

一方、世界を代表する企業経営者が集まる「ダボス会議」で、世界経済や環境問題などの幅広いテーマとSDGsを組み合わせて意見交換したことがきっかけとなり、世界の優良企業や先進企業による取り組みが加速し、

急速に SDGs が浸透し始めました。また、ダボス会議の調査で、「飢餓に関する食料と農業、まちづくり、エネルギーと資源、健康と福祉の４分野目標だけでも 2030 年までに最低で 12 兆ドルの経済価値が生み出され、最大では４億人の雇用が創出される可能性がある」と発表され、これが世界中を刺激し、企業を SDGs へ駆り立てています。

（3）ESG 投資は SDGs と表裏の関係

　SDGs を理解するうえで、ESG 投資は切っても切れない関係にあります。ESG とは、Environment（環境）、Social（社会）、Governance（企業統治）のことを指し、ESG の優れた企業は、「環境に配慮し、人権問題といった社会課題に対応している」と評価されるようになってきました。機関投資家が企業価値を図る材料として、従来の利益やキャッシュフローなどの財務情報だけではなく、非財務情報も見なければ企業を正しく評価できないという考えのもと、ESG 投資が急速に拡大しています。

　利益追求が招いた環境破壊や人権問題、粉飾決算などの不祥事を起こす企業には、結果として長期安定配当が見込めないことが機関投資家の行動を変容させたのです。軍需産業の会社、後進国で幼い子供や女性を労働者として使用する会社、石油や石炭を使用し環境を汚染する会社には投資をしないことが、潮流になってきているのです。これは、企業として投資価値がないことになり、その結果株価が落ちてくるので、経営者にとっては一番恐れる状況になるのです。

　SDGs に取り組み事業機会を的確につかむ企業に対し ESG 投資が行われることで、企業価値が持続的に向上すれば、投資家と企業がウインウインの関係になるわけです。ESG 投資と、企業が SDGs に取り組むことは、表裏の関係にあるといえます。

（4）欧米企業の取り組み

　これまで、環境や社会によいことを行うことはコスト増の要因とみられ、積極的に対応する企業はごく一部に限られてきました。ところが、環境や社会を犠牲にした経済の発展は成立しえないことが明らかになるにつれ、むしろ省エネや再エネ技術により、環境や社会課題を解決し利益を上げる企業こそが、評価されるようになってきたのです。

　食品・洗剤・ヘアケア・トイレタリーなどの家庭用品を製造販売する世界有数の消費財メーカーであるユニリーバは、2010年に長期経営ビジョンである「サスティナブル・リビングプラン」を発表し、「環境負荷を半減し、社会に貢献しながらビジネスを2倍にする」ことを宣言しました。実際に環境に配慮した原材料を使用するなどの取り組みを進め、1株当たりの利益を10年で1.7倍に成長させたのです。

　アメリカの小売業大手ウォールマートは、環境問題に対する圧倒的な達成基準を設け、「サスティナブル基準に対応できない企業の商品は、ウォールマートの棚に並べない」という方向に舵を切っています。

　だれもが馴染みのあるコカ・コーラは、糖分が多く健康被害の原因になるとも言われています。しかし同社は、低カロリーや糖分ゼロのコーラを開発し販売することで健康を増進することを目指し、またペットボトルを100%リサイクル可能な素材にする取り組みを始めています。2015年には、100%植物由来のペットボトルを開発しました。

　これらを見ると、環境や社会によいことを積極的に推し進めるという大義のもと、企業ブランド価値を高め、競争環境における自社の優位性を強化しようとする戦略をうかがうことができます。そして、自社のサプライチェーンにもこれを適用しようとしています。これらは大企業のことではありますが、いずれ中小企業にもこの波は押し寄せてくるものですし、もちろん、日本においてもこの流れは無視するわけにはいかないことになります。

2 日本の SDGs への取り組みを知る

(1) 日本の SDGs の達成状況

　国連持続可能開発ソリューションネットワークでは、毎年各国の SDGs の達成状況を発表しています。2020 年版ではトップ 3 は、スウェーデン、デンマーク、フィンランドと北欧国が占め、日本は 17 位でした。ちなみに GDP 第 1 位のアメリカは 31 位、第 2 位の中国は 48 位です。

　日本がすでに達成している目標は、17 項目ののうち「目標④：質の高い教育をみんなに」と「目標⑨：産業と技術革新の基盤をつくろう」の 2 つしかありませんでした。達成にほど遠いとされる目標は、「目標⑤：ジェンダー平等を実現しよう」「目標⑫：つくる責任 つかう責任」「目標⑬：気候変動に具体的な対策を」「目標⑰：パートナーシップで目標を達成しよう」の 4 つもありました。

　男女の給与格差や、主要なポストに女性を登用しないといった女性に対する不平等の是正や、プラスチック等廃棄物の転換または再利用、再生可能エネルギーの割合を上げることなど、経済大国としての責任と国際協調が求められるものとなっています。

(2) 日本政府の取り組み

　国際的に日本への期待と要請の声が上がるなか、日本においては 2016 年に「SDGs 推進本部」が設置されました。内閣総理大臣が本部長、内閣官房長官、外務大臣を副本部長として全閣僚で構成され、本格的に SDGs

を推進する体制が構築されたといえます。各種団体の広範な関係者が意見交換を行う「SDGs円卓会議」が設置され、SDGsを具体的に進めるための「SDGsアクションプラン」が毎年発表されていますが、その骨組みはほとんど変わっていません。

「SDGsアクションプラン2020」では次の3つの柱を掲げています。

❶ビジネスとイノベーション〜SDGsと連動するSociety5.0の推進
❷SDGsを原動力とした地方創生、強靭かつ環境に優しい魅力的なまちづくり
❸SDGsの担い手としての次世代・女性のエンパワーメント

「人間の安全保障の理念に基づき、SDGsの力強い担い手である日本の姿を国際社会に示す。特に質の高いインフラ、気候変動、エネルギー、海洋プラスチックごみ対策、保健といった分野での取り組みをリードする。この他、女性、防災、教育、デジタル化といった分野でも、SDGsの取り組みを進める」と積極的な姿勢をうたっています。

さらに政府によるSDGsを推進するための具体的な施策を8分野にまとめています。

❶あらゆる人々が活躍する社会・ジェンダー平等の実現
❷健康・長寿の達成
❸成長市場の創出、地域活性化、科学技術イノベーション
❹持続可能で強靭な国土と質の高いインフラの整備
❺省・再生可能エネルギー、防災・気候変動対策、循環型社会
❻生物多様性、森林、海洋等の環境の保全
❼平和と安全・安心社会の実現・子どもの安全
❽SDGs実施推進の体制と手段

この「SDGsアクションプラン2020」は、単なる環境保護といった理

念だけをうたうのではなく、今後企業において取り組むべきビジネスにも大きな比重を置いていますので、ビジネスチャンスをつかむうえでも読んでみることをお勧めします。

　さらに 2017 年には SDGs 推進本部において、企業や団体等の先駆的な取り組みを表彰する「ジャパン SDGs アワード」が創設され、毎年表彰が行われています。第 1 回の受賞団体にはサラヤ㈱、住友化学㈱などのほかに、特別賞として吉本興業㈱も選ばれています。

（3）日本企業による SDGs の取り組み

　政府が優れた取り組みであるとして表彰する「ジャパン SDGs アワード」の受賞企業は SDGs のトップランナーとして位置づけられています。表彰の評価基準として「普遍性、包摂性、参画型、統合性、透明性と説明責任」の 5 つがあります。
　受賞企業の取り組みを一部紹介しましょう。

　　株式会社 伊藤園
　主力事業である緑茶事業などで、調達から製造・物流、商品企画・開発、営業・販売の一貫体制（バリューチェーン）全体で価値創造体制を構築して、SDGs の目標 12「つくる責任 つかう責任」など幅広い目標に貢献したことが評価されました。
- **普遍性**…茶産地育成事業を九州 5 県に拡大し、オーストラリアでも展開するなど、普遍性が高く応用可能なビジネスモデル
- **包摂性**…茶産地育成事業は、地域での女性活躍・後継者・新規就農者・高齢者の活用など幅広い包摂性を有する
- **参画型**…茶産地育成事業では、農業技術が主体となって、さまざまなステークホルダーと連携・協力関係を構築
- **統合性**…茶産地育成事業では、原料調達コストの低減、環境保全型農業及び地域雇用の創出など経済・環境・社会の要素が統合されて

いる

● **透明性と説明責任**…社内において各取り組みを定期的にチェックし、レポートやホームページでその内容を公開している

株式会社 虎屋

創業 500 余年の和菓子屋の熟練の菓子職人が、離島の学校や山間部の障がい者支援学級、高齢者福祉施設などで菓子教室を実施し、菓子作りを通した相互交流による循環型の郷土文化の継承と創造サイクルを実践し、地域リソースを生かした新たな市場開拓に挑戦していることが評価されました。

● **普遍性**…高齢者や子供が中心の中小企業でも取り組める SDGs 活動は、地方創生のロールモデルとなりうる
● **包摂性**…全員参画型の商品開発と技能継承の促進
● **参画型**…地元の小中学校、離島や山間部など声がかかればどこでも菓子教室を実施している
● **統合性**…企業ブランディングという事業的メリットと郷土文化育成という社会的メリットを同時に達成しうる
● **透明性と説明責任**…事業内容をウェブ上で公開している

3 中小企業の SDGs 浸透度は

(1) 中小企業の SDGs の調査

　2018 年に関東経済産業局が中小企業の SDGs 認知度の実態調査結果を発表しました（従業員 300 人以下の企業 500 社が対象、そのうち従業員 20 人以下が 85%）。「SDGs について全く知らない」と回答した企業が 84%、「聞いたことはあるが、内容は詳しく知らない」の 8% を加えると、93% の経営者が SDGs のことをほとんど知らないという結果でした。

■ SDGs の認知度・対応状況

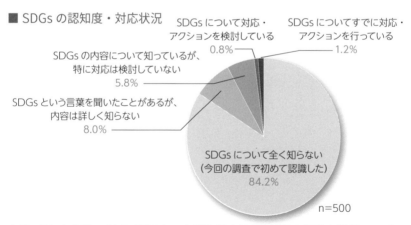

SDGs について対応・アクションを検討している 0.8%
SDGs についてすでに対応・アクションを行っている 1.2%
SDGs の内容について知っているが、特に対応は検討していない 5.8%
SDGs という言葉を聞いたことがあるが、内容は詳しく知らない 8.0%
SDGs について全く知らない（今回の調査で初めて認識した）84.2%
n=500

出所：『中小企業の SDGs 認知度・実態等調査結果』（関東経済産業局 2018 年 10 月調査）

　その調査の際に SDGs の内容を理解した後の感想を確認したところ、「国連が採択したものであり、自社には関係ない」（23%）、「大企業が取り組むものであり、自社には関係ない」（13%）と併せて 35% が消極的でした。

また、「取り組みの必要性は理解するが、何から取り組んでいいかわからない」が14%、「取り組みの必要性は理解するが、取り組む余裕がない」が38%と前向きに受け止めているが、まだ行動に移せないという状況でした。

■ SDGs の印象

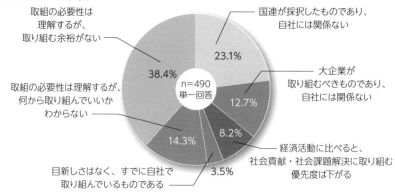

取組の必要性は
理解するが、
取り組む余裕がない

38.4%

取組の必要性は理解するが、
何から取り組んでいいか
わからない

14.3%

目新しさはなく、すでに自社で
取り組んでいるものである

3.5%

n=490
単一回答

8.2%

12.7%

23.1%

国連が採択したものであり、
自社には関係ない

大企業が
取り組むべきものであり、
自社には関係ない

経済活動に比べると、
社会貢献・社会課題解決に取り組む
優先度は下がる

出所：同前掲書

※ SDGs の認知度・対応状況の設問で、「SDGs について全く知らない（今回の調査で初めて認識した）」
「SDGs という言葉を聞いたことがあるが、内容は詳しく知らない」「SDGs の内容について知っているが、特に対応は検討していない」と回答した企業 490 社への質問

■ SDGs に取り組む際の課題（複数回答可）

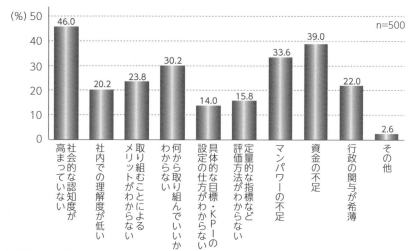

(%)									
46.0	20.2	23.8	30.2	14.0	15.8	33.6	39.0	22.0	2.6
社会的な認知度が高まっていない	社内での理解度が低い	取り組むことによるメリットがわからない	何から取り組んでいいかわからない	具体的な目標・KPIの設定の仕方がわからない	定量的な指標など評価方法がわからない	マンパワーの不足	資金の不足	行政の関与が希薄	その他

n=500

出所：同前掲書

なお、取り組む際の課題について最も多い回答は、「社会的な認知度が高まっていない」、次いで「資金の不足」「マンパワーの不足」「何から取り組んでいいかわからない」でした（前ページグラフ参照）。

　いずれにしても多くの中小企業の経営者にとっては、SDGs は身近ではなく、優先度も高まっていないことがわかります。

（2）最近の SDGs 意識調査

　2020 年 7 月に帝国データバンクが、1 万 1,000 社の SDGs 意識調査を発表しました。回答企業は大企業が 18％、中小企業が 82％でした。

　SDGs に積極的な企業は、大企業が 35％、中小企業が 22％、小規模企業（従業員が製造業 20 人以下、製造業以外 5 人以下）が 19％と、大企業とは差があるものの、3 年前の関東経済産業局の調査に比べ、中小企業の取り組みが 2 年間で大きく進展したことがわかります。なお業種別にみると、金融業は 41％となっているものの、その他の業種では押しなべて 20％台と、まだ積極的とはいえない状況です。

■ SDGs に積極的な企業の割合（規模・業界別）

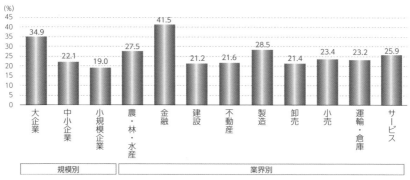

出所：『SDGs に関する企業の意識調査』（帝国データバンク 2020 年 6 月調査）

　また、「SDGs の達成への貢献によってどのような企業価値の向上に役立つと思うか」という質問に対して、「企業好感度」が 53％、「社会的評価」

が50％と半数を上回る（「非常にそう思う」と「ある程度そう思う」の合計）など、SDGsに取り組むことで社外からの見え方に好影響があるとする意見が多い結果となりました。

　なお、「社員のやる気」が35％となるなど、モチベーション向上にも役立つと考えられています。SDGsに前向きに取り組むべき時代に入ったと考えられます。

■ SDGsの達成への貢献で向上される企業価値（有効回答企業11,275社）

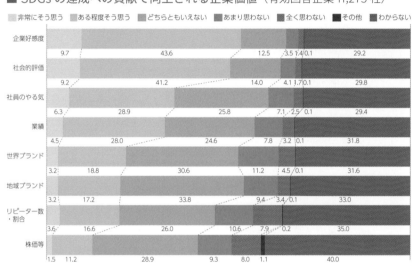

出所：『SDGsに関する企業の意識調査』（帝国データバンク2020年6月調査）

（3）社会における認知度

　電通が2020年4月に発表した10代から70代までの「SDGsに関する生活者調査」によると、SDGsの認知率は1年前の16％から29％に大きく増加しました。男性平均は37％、女性平均は22％でした。60代男性が22％に対し、10代男性が55％、20代男性が43％と若い世代の認知度が高いのは、SDGsが学校教育のなかで社会的な関心事として多く取り上げられたことが起因していると思われます。

この流れを見ると、SDGs の認知度は今後ますます高まっていくでしょう。もはや SDGs を知らないではなく、SDGs を正しく理解し、どのように事業と結びつけているのかが問われる時代に入ったといえます。

■性別・年代別の SDGs 認知率の経年比較

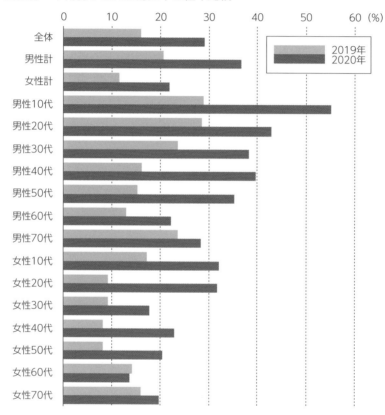

出所：『第 3 回 SDGs に関する生活者調査』（電通　2020 年 4 月調査）

4 なぜ中小企業にSDGsが必要なのか

(1) SDGsは一時のブームではない

　現在、SDGsを取り入れた教育がトレンドになりつつあります。文部科学省が推進しているということもありますが、私立の中学校では、入学試験にSDGsに関する問題を出すところも多くなってきました。大学においても、金沢工業大学では「SDGs時代のグローバルリーダーの育成」といったSDGsに特化した通年カリキュラムを組んでいますし、上智大学には、「持続可能な開発目標（SDGs）を学ぶ」講義など、2019年度は約60科目の授業がありました。

　10代、20代の若い人達にとってSDGsはいわばコモンセンスになってきているのです。彼らがいずれ消費者・働き手になると考えると、企業はSDGsに無縁でいるわけにはいかないことになります。

　また、今までISOやCSR、コンプライアンスなどのブームがありましたが、いずれも大企業を中心に取り上げられ、定着したことでそれ以上の進展はありません。しかしながらSDGsは、これらとは違い、社会・環境・経済の課題解決に取り組むことを主体としていることから、普遍性があり網羅性が高く、すべての企業にとってビジネスとの親和性が高いものです。決して一時のブームに終わるものではなく、むしろますます拡がっていくものになるでしょう。

　新型コロナウイルスの感染がなかなか収束しないなか、社会や経済面において人々の考え方やビジネスのあり方には、否応なく大きな変換がもたらされてきました。従来から抱えてきた社会、環境、経済の課題が一気に

噴出した感があります。

　こうした課題を解決していくため、SDGs に真剣に取り組んでいくことが求められる時代に入ったといえるのではないでしょうか。

（2）中小企業が SDGs を導入するメリット

❶経営リスクのチェックリストになる

　SDGs は、いわば社会が企業に求めていることを表しているものです。例えば、目標 8「働きがいも経済成長も」は、働き方改革により社員がやりがいのある仕事に取り組むことともいえます。目標 3「すべての人に健康と福祉を」は、社員の健康に配慮した各種の施策に取り組むことになります。目標 5「ジェンダー平等を実現しよう」は、女性の参画や、男女平等なリーダーシップを推進することといえるでしょう。目標 12「つくる責任 つかう責任」は、廃棄物の発生防止や削減、再生利用に取り組むことや、電気ガス水道等のエネルギーの使用量を削減することも含まれます。

　これまで働き方改革や健康経営、地球温暖化対策、廃棄物削減などは、個別の社会的要請でしたが、SDGs のおかげで、そうした要請を一括チェックできる利点があります。これらに罰則はありませんが、対応を怠ると企業として評判を落とすことになりますし、こうした経営リスクを早めに発見して対処すれば、リスクの顕在化を防ぐことができます。

❷企業の生存戦略になる

　すでに述べたように、大企業には ESG 投資への潮流が強く押し寄せてきています。

　2018 年の世界全体の ESG 投資残高は 3,400 兆円でしたが、日本は 2 年間で 4 倍の 232 兆円と突出した伸びを示し、ヨーロッパ、アメリカに続き世界 3 位にまで急拡大しました。大企業は、環境・社会へ配慮し、貢献するよう求められていますので、ESG 投資の対象になることが重要な経営課題のテーマとなっていますが、大企業だけでなくサプライチェーン

や下請企業にも、取引継続の証としてSDGsへの取り組みを求めてくるのは、必然の流れといえるでしょう。

　例えば、下請企業の長時間労働が是正されないために、社会から厳しい目を向けられブランドイメージが傷つき不買運動に発展するという事態も起きています。現にスポーツ用品のミズノは、サプライヤーで働く労働者の苦情を直接受け付ける通報窓口を設けたり、下請企業を直接訪問し、CSR調達行動規範に定める内容の遵守状況についてモニタリングを実施したりしています。

　下請企業、納品企業がしっかりとSDGsに取り組んでいるなら、環境や社会に配慮していると大企業は認め、安心して取引を継続できることになります。SDGsに取り組む企業は「優良企業」として認知されますが、少しも取り組まない企業は社会から取り残されるといっても過言ではないでしょう。

❸新たな事業機会の創出になる

　SDGsは、「あなたの会社のリスク回避に使ってください！」という面と、「あなたの会社にとってチャンスになるかもしれませんよ！」という面からも積極的に取り組む必要があります。

　SDGsをきっかけとして、積極的に新しい事業や企画に着手することで、今までにない製品や商品・サービスを提供したり、新事業の創造に結びつけることができれば、大きな飛躍のきっかけとなります。社会や環境が抱える問題に取り組み、その解決策を提案できれば、企業としての存在価値が高まることは大いに期待できることです。

　現に中小企業においても「SDGsに貢献したい」と考える企業の商品が脚光を浴び、ビジネスチャンスが広まったという実績がいくつも出てきました。

　横浜市の㈱大川印刷は石油系溶剤を含まないインキの使用を進め、CO_2ゼロ印刷を実現するなど、環境に優しい印刷物が評価され、外資系企業が公式カレンダーに採用するなど、上場企業を含め50社以上の新規顧客を

獲得しました。

　こうした取り組みが成果を上げることで、業界での価格競争といったコモディティから脱却し、競合他社との差別化が図られ競争優位が実現することにつながりますし、先行者利潤を得ることにもなります。

　また、これらの取り組みが、SDGsを共通言語として同じ目的を共有する新しい事業パートナーとの提携のもと、事業の拡大発展や地域連携に結びつくことも可能となります。

　さらに、国がSDGs達成に取り組んでいる都市として選定した「SDGs未来都市」のパートナーとして、活躍の場が広がることも十分予想されることです。

　神奈川県、横浜市、川崎市、鎌倉市、小田原市、富山市、北海道ニセコ町、東京都日野市など、毎年全国で30ほどの自治体が選定され、2020年度現在93都市が選ばれています。2024年度までに210都市が選定されることになっています。

❹企業イメージや信用度が向上し、ブランド力となる

　SDGsには、「世界が認めた課題」が示されていますので、その解決につながる事業は「ニーズにマッチした社会貢献」といえるものです。

　どんな企業も今現在存在しているということは、何らかの社会への貢献があるということです。自社の経営理念やビジョンには、そうしたことを謳っているのではないでしょうか。であるなら、SDGsに当てはめて自社の社会的役割を発信してみてはいかがでしょうか。

　今までは「わが社は○○で社会に貢献しています」という言い方でしたが、これからは、「わが社は○○でSDGsに貢献しています」、さらには「わが社は○○でSDGsの目標8と11に貢献しています」とアピールすることができます。取引先や金融機関、外部関係者、地域の住民や学生にも自社の社会的な役割を伝えやすくなり、発信力が高まります。

　また、社会を意識した経営を実践することにより、モラル違反や社会の要望に反する行動を未然に防ぐことができます。

SDGsへの取り組みを外部発信しアピールすることで、多くの人に「この会社は信用できる」と認知され、実際に取り組み状況や成果を公表することにより、企業としてのブランド力が高まることになります。先ほど取り上げた㈱大川印刷は「ソーシャルプリンティングカンパニー」として独自のブランドを確立することができました。

❺人材の採用や活性化に役立つ

昨今の人材採用難に対し、SDGsへの取り組みが会社のイメージ向上に役立ちます。大学をはじめ授業でSDGsを学んでいる学生にとって、SDGsに取り組んでいる会社は好意的に迎えられます。就職試験の際、学生から「御社はSDGsにどのように取り組んでいますか？」と質問されたときに答えられないのでは、よい人材を採用することは難しくなるでしょう。これは最近よく聞く話です。

また、SDGsに会社全体で取り組むことにより、社員のモチベーションが向上し、社員を大切にする経営を行うことで、社員の会社への愛着心や忠誠心が高まり、長期的にこの会社で働きたいと思う人材が増え、離職率も減少することになるでしょう。もちろん、社会や環境に貢献する取り組みを実践することで、社員一人ひとりのモラル（道徳意識）が高まることにもなります。

(3) SDGsを導入しないとどんなデメリットがあるのか

今までSDGsを導入する場合のメリットを述べてきましたが、逆にSDGsを導入したときには、どのようなデメリットが考えられるのでしょうか。

まず余計なコストがかかる可能性があります。ISOのような認証規格がないので外部審査に費用がかかるものではありませんが、人的リソースがかかります。社内でSDGsを推進するための増員をしないのであれば、今いる人材の時間と労力を費やすことになります。また、資材調達に割高な

コストがかかる可能性があります。しかしながら、経営をよくするために
は一定のコストはかかるものですし、未来への投資と考えることが肝要で
す。一方で、さまざまな社内予算の無駄遣いを発見したり、資源の再利用
を推進することにより、コストを削減することも可能です。

　次にSDGsを導入しないとした場合、どんなネガティブな結果が出るの
か考えてみましょう。これはSDGsを導入したときのメリットの裏返しで
もあります。

　まず、自社の目の前の利益偏重になり、社会課題を把握できないことか
ら経営のリスクやビジネスチャンスを見極める力が弱まります。社会や取
引先からのSDGs要請に応じないことにより、生存競争に生き残れない可
能性が強くなります。新たな事業機会に恵まれることもなく、コモディティ
企業として競合に身をさらし続けることになるでしょう。企業イメージや
信用度の向上に時間がかかることにもなるでしょう。そして人材の採用に
苦労し、社員のモチベーションが上がらず悩むことになりそうです。

　経営陣が社員を巻き込み、社会課題解決に取り組むという姿勢こそが、
長期にわたる経営の持続性を確かなものしていくための出発点になるので
す。

Chapter 2

SDGs を理解する

1 SDGs の 17 の目標と内容とは

（1） SDGs を俯瞰して捉える

　SDGs は、世界全体を見渡して、貧困、気候変動、人種やジェンダーに起因する差別などのさまざまな問題や課題を解決するために、「だれ一人取り残さない」という共通理念のもと、17 の目標とそれを達成するための 169 のターゲットを設定しています。そして発展途上国も先進国も、すべての関係者で取り組む普遍的で幅広い内容となっています。

　これを個々の目標ごと理解していくことは難しいものがあります。なぜなら、対象地域がグローバルであること、専門領域が経済・環境・社会と広くて深いこと、期間が 2030 年までの長期に及ぶこと、取り組む主体が国家から地域、企業、そして個人まで多段階にわたっているからです。

❶ 5 つの P で区分する

　SDGs の 17 の目標を、5 つの P という頭文字でまとめた領域にカテゴライズすると理解しやすくなります。

　① People（人間）

目標 1 　「貧困」

目標 2 　「飢餓」

目標 3 　「保健」

目標 4 　「教育」

目標 5　「ジェンダー」

目標 6　「水・衛生」

　すべての人の人権が尊重され、貧困と飢餓を終わらせ、平等を達成し、教育や水と衛生、健康的な生活を保障し、潜在能力を発揮できるようにする。

② Prosperity（繁栄）

目標 7　「エネルギー」

目標 8　「成長・雇用」

目標 9　「イノベーション」

目標 10　「不平等」

目標 11　「持続可能な都市」

　すべての人が豊かで充実した生活を送れるようにし、自然と調和する経済・社会・技術の進歩を確保する。

③ Planet（地球）

目標 12　「持続可能な生産と消費」

目標 13　「気候変動」

目標 14　「海洋資源」

目標 15　「陸上資源」

　持続可能な生産と消費、天然資源の保全、気候変動への対応など地球の環境を守り、将来の世代に残せるようにする。

④ Peace（平和）

目標 16　「平和」

平和で争いのない社会をはぐくむ。

⑤ Partnership（協働）

目標 17　「パートナーシップ」

連帯強化の精神に基づき関係者が協力関係を築く。

❷ウェディングケーキモデルで区分する

スウェーデンのストックホルム・レジリエンスセンターが作成した「ウェディングケーキモデル」でSDGsを整理する方法もあります。

これはSDGsの各目標を階層化して整理するもので、最下層の基盤に地球環境関連の目標、その上に社会関連、さらに上に経済関連、そして最上級に目標17のパートナーシップを置く分け方です。

5つのPは平面の円サイクルで捉えるのに対し、ウェディングケーキモデルは立体化するものです。

土台となる環境が破壊されれば、社会は不安定になり、社会が不安定になれば経済成長どころではなくなることを示し、そのためには協働したパートナーシップが大切であることを訴えています。

そして、「今こそ地球環境が安定して機能する範囲内で、将来の世代にわたって成長と発展を続けていくための新しい経済と社会のパラダイムが求められている」と述べています。

■ SDGs ウェディングケーキモデル

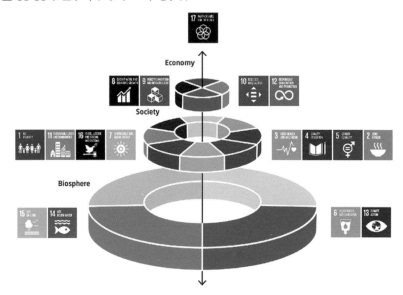

出所：SDGs ウェディングケーキモデル（ストックホルム・レジリエンスセンター）

(2) SDGs の目標をビジネスに活かすには

　SDGs には 17 の目標がありますが、非常に広範囲にわたるものです。途上国向けのことと思われがちなものもあり、ピンとこない目標もありますが、「日本におけるビジネスとして捉えると」という視点で考えてみたいと思います。『図解ポケット　SDGs がよくわかる本』（秀和システム）を参考に整理しました。

目標1　貧困をなくそう

【あらゆる場所のあらゆる形態の貧困を終わらせる】
　日本においては貧困といっても実感がわかない人が多いと思いますが、一人親世帯、母子家庭、地震、洪水、津波などの災害による困窮世帯が対象となるでしょう。こうした人たちに対して、生活水準の向上を図る商品やサービスを提供することが求められます。また就労が困難な人たちを採用したり、アウトソーシングしたりするなど、仕事の場を提供する方法もあります。貧困層の人口が多い国に進出し、労働環境を提供することも考えられます。

目標2　飢餓をゼロに

【飢餓を終わらせ、食糧安全保障及び栄養改善を実現し、持続可能な農業を促進する】
　食料の安定確保と供給が必然となりますので、小規模農家の生産性向上や安定した食糧生産を可能とする農業の育成強化の具体化が求められます。栄養不良を改善する新製品の開発、食品のムダとロスをなくす製品やサービス提供の開発に取り組むことも求められます。余った食料を持ち寄り、寄付をすることも考えられます。フードロスをなくす取り組みも要望されています。

目標3　すべての人に健康と福祉を

【あらゆる年齢のすべての人々の健康的な生活を確保し、福祉を推進する】

　健康生活を確保するものとして、感染症対応や交通事故の削減のための仕組みづくり、健康生活の向上のための新商品や新サービスの開発が該当します。健康増進、予防、治療、機能回復だけでなく、メンタルヘルスなども含め自社の従業員の健康維持・増進に配慮した健康経営の推進が求められます。

目標4　質の高い教育をみんなに

【すべての人々への包摂的かつ公正な質の高い教育を提供し、生涯学習の機会を促進する】

　自社の従業員や外部、協力会社も含めた従業員に対して、知識や技能の研修、訓練の機会を提供したり、その成果を向上させる製品やサービスを開発し展開することが該当します。また地域の住民や子供たちに対して、専門の知識を教育する場を持つことも考えられますし、奨学金などの制度を設けることもできます。

目標5　ジェンダー平等を実現しよう

【ジェンダー平等を達成し、すべての女性及び女児の能力強化を行う】
　日本においては特に、女性の活躍を推進することが該当します。少子高齢化が進むなかでの雇用促進として、女性の採用を支援、リーダーや管理職への登用、施策や方針決定への女性の参画拡大を推進し、女性が権限をもって製品やサービスを開発したり、マーケティング活動を行えるようにする、などが挙げられます。賃金の平等もその一つです。

目標 6　安全な水とトイレを世界中に

【すべての人々の水と衛生施設の利用可能性と、持続可能な管理を確保する】

　良質な水と衛生施設の拡充を確保することです。また水にかかわるエコシステムの開発や水資源を大切にする工夫が求められます。自然災害に備えて飲料水や簡易トイレを用意し、社員だけでなく地域にも開放するなども挙げられます。職場のトイレをきれいにすることも大切にしたいことです。また、水不足に苦しんでいる途上国や、衛生的なトイレ施設のない国への設備提供も考えられます。

目標 7　エネルギーをみんなに、そしてクリーンに

【安価かつ信頼できる持続可能な近代的エネルギーへの、すべての人々のアクセスを確保する】

　手ごろな価格でクリーンなエネルギーにアクセスできることを指しています。温室効果ガスの排出を削減するために、水力・風力・地熱などの自然環境からの再生可能エネルギー比率を大幅に拡大することや、エネルギー効率を高めることが該当します。

　事業としては、バイオマス燃料活用による再生エネルギーの導入促進や脱炭素エネルギーの研究開発、エネルギー効率を高める新製品の開発や供給体制の構築が考えられます。

　身近なところでは、無駄なコピーの廃止や、各種文書をデジタル化してペーパーレスを進めるといった資源利用の削減は、経費削減にもなります。エコカーに切り替えるといった取り組みも求められます。

目標 8　働きがいも経済成長も

【包摂的かつ持続可能な経済成長、及びすべての人々の完全かつ生産的な雇用と働きがいのある人間らしい雇用（ディーセントワーク）を促進する】

　働き方改革に代表される長時間労働の是正、非正規雇用の処遇改善、生産性の向上と賃金引き上げ、女性や若者の活躍促進、テレワークの普及促進が該当します。

　IT や AI を活用して定型業務やルーチン業務の効率化を図り、生産性を高めることで長時間労働を排除し、付加価値の高い業務に就ける環境整備が可能になります。自社だけでなく外注会社や協力会社も含めた社員に対して、ディーセントワークの仕事環境を支援することも求められます。社員のモチベーションアップの取り組みも大切なことです。

目標 9　産業と技術革新の基盤をつくろう

【強靭（レジリエント）なインフラ構築、包摂的かつ持続可能な産業化の促進及びイノベーションの推進を図る】

　未来志向の社会づくりを支える基盤や制度の充実のために、持続可能な製品や新サービスの開発といったイノベーションが該当します。製品の長寿命化、小型化・軽量化といった資源効率の向上や高付加価値化をもたらす製品開発といったイノベーションの促進、生産性を向上させる各種の取り組みの促進が求められます。これらを基にした新しい成長市場の創出も望まれるところです。

　また、地産地消、地域人材の採用などの地元優先活用、地域創生に結びつく企業版ふるさと納税の活用などの地域活性化も該当します。

目標10　人や国の不平等をなくそう

【国内及び各国間の不平等を是正する】

　日本においては、高齢化社会に向けて高齢者の老後資金問題の解消や、若年労働者（フリーター）の正社員化といった雇用創出、待遇改善が該当します。障害者や母子家庭の生活保障も含まれます。社会的弱者と言われている人たちの雇用環境の充実が求められています。

　一方で、そうした人たちに向けた製品やサービス、ビジネスモデルを提供することも考えたいものです。また、外国人スタッフの文化を理解する対応やイベントなども大切です。

目標11　住み続けられるまちづくりを

【包摂的で安全、かつ強靭（レジリエント）で持続可能な都市及び居住空間を実現する】

　災害や公害に向けた対策をとること、歴史的文化や自然遺産の保護・保全に取り組むこと、そして何より人間が快適に住み続けられる都市及び居住空間を確立していくことが求められます。災害を未然に防ぐ、また災害から円滑に復旧するBCP（事業継続計画）への取り組み、緑化や環境に配慮した建設資材、建築物の施工などが該当します。低騒音や大気汚染防止の製品開発や設備設置も該当します。

　身近なところでは、地域の清掃活動、地域との共同イベントやレスキューグッズの提供、災害時の緊急備蓄食品や用品の確保もあります。

目標12　つくる責任 つかう責任

【持続可能な生産と消費形態を確保する】

　廃棄物の発生防止と削減、あるいは再利用、化学物質使用による大気・水・土壌への環境汚染防止、食品ロス・フードロスの徹底的な削減が求められます。Reduce（発生抑制）Reuse（再使用）Recycle（再

生利用）といった 3R による廃棄物抑制や再利用の取り組み、フードロスを発生させない流通ルートの構築などが該当します。多重包装の見直しや簡易包装推進、繰り返し使用できる製品開発も求められます。エコ商品、エコ資材の開発も要望されます。また製品や商品関連で発生するごみをなくす、職場ごみを削減することも含まれます。

目標13　気候変動に具体的な対策を

【気候変動及びその影響を軽減するための緊急対策を講じる】

　パリ協定で合意された地球温暖化対策のために、2℃未満、可能な限り 1.5℃未満に抑える取り組みを指します。CO_2 といった温室効果ガスの排出削減の取り組み、社用車の低公害車への切替、カーボンオフセット商品やサービスの購入、緑化活動に取り組むなどが該当します。こうした製品やサービスを提供することができれば、ビジネスの飛躍にもつながることになります。身近なところでは、照明やエアコンの省エネの工夫、社用車の共有化やエコカー化が挙げられます。

目標14　海の豊かさを守ろう

【持続可能な開発のために海洋・海洋資源を保全し、持続可能な形で利用する】

　日本は、海洋国家として持続可能な水産業の推進や海洋ごみ対策、特に海洋プラスチックごみの削減に取り組む必要があります。企業には、再利用できるペットボトルや非プラスチックのペットボトルの開発といった海洋生態系を保護する新製品が求められています。ビニール袋の有償化による利用削減はその流れに沿ったものです。海洋汚染を防ぐ取り組みも大切なことです。MSC 漁業認証マークのある水産物を購入することも、その一環です。

目標 15　陸の豊かさも守ろう

【陸域生態系の保護・回復、持続可能な利用の推進、持続可能な森林の経営、砂漠化への対処、ならびに土地の劣化の阻止・回復及び生物多様性の損失を阻止する】

　高齢化による林業の衰退や、台風や水害による被害から森林の保全を保持するため、また経済活動から生じる生態系の破壊を阻止するための取り組みが求められています。生物分解性の製品や包装物、生態系の破壊を減少させる製品やサービスの提供が該当します。FSC 森林認証マークの製品の購入や間伐材を利用した製品の提供や購入・使用も一助となるものです。

目標 16　平和と公正をすべての人に

【持続可能な開発のための平和で包摂的な社会を促進し、すべての人々に司法へのアクセスを提供し、あらゆるレベルにおいて効果的で説明責任のある包摂的な制度を構築する】

　日本の進捗状況は高い状況にありますが、各種のハラスメントといった暴力の根絶、女性や子供の安全対策、マネーロンダリング防止が求められています。防犯への協力体制の仕組みづくりといった安心のまちづくりも該当します。あおり運転をしない・させない取り組みや、いじめ撲滅も含まれます。

目標 17　パートナーシップで目標を達成しよう

【持続可能な開発のための実施手段を強化し、グローバル・パートナーシップを活性化する】

　SDGs の各目標を達成するために、課題解決のカギを握る多種多様のステークホルダーが、共同して解決にあたることが求められています。民間企業だけでなく、自治体や市民団体、大学等の研究教育機関

も交えた幅広い協力体制が必要です。一企業だけでは限度がある取り組みでも、協働して取り組むことで大きなビジネスの創出にもつながります。

　以上、SDGs の目標ごとに身近に考えられることを中心に取り上げましたが、環境省作成の『SDGs 活用ガイド 資料編［第二版］』に、既存の制度・枠組みで提示されている取り組みと SDGs の紐づけが例示されていますので、自社の取り組みの参考にするとよいでしょう。

SDGs の関連用語を理解しよう

（1）SDGs の基本を理解しておく

　今後、ビジネスの世界では SDGs が共通言語となる可能性が高くなるでしょう。

　SDGs に取り組んでいる取引先との商談はもちろん、提携を進める場合においても、SDGs に関連する用語を理解していなければ、打ち合わせもうまく進みません。お互いに SDGs に取り組んでいる場合には、共通の考えや理解を有しているので、話が弾んでくることでしょう。経営陣だけではなく、全社員が SDGs について理解しておくことが求められます。

　そこで「SDGs 関連用語問題」として基本的な用語を下記に取り上げ問題を作ってみましたので、挑戦してみてください。知っておかなければいけない基本用語を確認するために、また社員研修や勉強会等に活用できます。

■ SDGs 関連用語問題

	問題	解答
1	SDGs の読み方は？	
2	SDGs が国連で採択された年は？	
3	SDGs は国連で何か国が賛成したか？	
4	SDGs は西暦何年までの目標か？	

	問題	解答
5	2020年からは「●●の10年」と呼ばれているか？	
6	SDGsのゴール数は？	
7	ゴールを設定した際の3つのポイントは？	貧困の根絶、（　　　　　　）、先進国も含め全ての国が参加
8	SDGsの三層構造とは？	
9	SDGsのターゲット数は？	
10	SDGsのインディケーターの数は？	
11	SDGsのゴールは「●●」「環境」「●●」に分けられる	
12	SDGsの5つのPとは？	People、（　　　）、Prosperity、Peace、（　　　）
13	SDGsの前身のMDGsの読み方は？	
14	SDGsの理念の一つ「●●●取り残さない」	
15	計画立案における「ムーンショット」とはどういう意味？	
16	計画立案における「バックキャスティング」の考え方とは？	
17	SDGsの理念の一つ「この世界を●●する」	
18	形ばかりのSDGsのことを何という？	

　どのくらい回答できたでしょうか。8割は達成したいものです。なお、巻末（p.208〜）に解答を載せていますので、確認してみてください。

　8割以下の場合は、一般社団法人 SDGs 活動支援センター監修のeラーニング「SDGs ＠ビジネス検定講座」の受講をお勧めします。SDGs の総論としての基本コンセプトはもちろん、経済・社会・環境の3側面をバランスよく学び、全体的視野に立った方向性を見出せるビジネスセンスを養うことにも役立ちます。受講後にオンラインテストを受験し合格すれば、デジタル合格証が発行されます。受講時間も短く受講料も低額なので、負担のない形で SDGs を学ぶことができます。

3 中小企業に適した SDGs とは

(1) 自社の経営理念やビジョンを SDGs と関連づける

SDGs のアジェンダを読むと、「自社には壮大すぎて、どう取り組んでよいかわからない」と、ためらってしまうかもしれません。しかし、今までの歴史のなかで大切にしてきた社是や経営理念、あるいは経営者自身の思いと一致するところがあれば、そこからスタートしてみてはいかがでしょうか。今の経営理念やクレドを SDGs の言葉に関連付けて社員に伝えると、社内に浸透しやすくなるはずです。

(2) 自社にマッチしたものを選ぶ

SDGs の目標は「貧困と飢餓」「健康と福祉」「教育」「ジェンダー平等」「安全な水とトイレ」「エネルギー」「働きがいと経済成長」「技術革新」「人や国の不平等」「まちづくり」「つくる責任とつかう責任」「気候変動」「海の豊かさ」「陸の豊かさ」「平和と公正」「パートナーシップ」と非常に広範囲な課題が盛り込まれています。

しかし、これらすべてを取り上げる必要はありません。自社の製品やサービス、技術、ノウハウ、人材、ネットワークの強みなどから、生かせるものを探し、できることから始めましょう。

（3）　背伸びしすぎない

　大企業と違って中小企業は人材や設備、資金といった経営資源に余裕がないのが普通です。

　SDGs の目標と合致するからといって、現状を無視して突き進むと無理が生じてしまいます。今ある人材に、新しい業務への取り組みを委ねることになりますので、その分負担を強いることになります。従来に比べ、資材の調達や設備の投資にコストがかかることもあるでしょう。経営に逆効果では意味のないことになりますが、要はどこまでその負担をカバーできるかを見越しておくことも大切なことです。

（4）　社員が理解し、社員を巻き込む

　会社として SDGs を推進するには、経営者だけが理解したとしても社員が納得し理解しなければ絵に描いた餅になってしまいます。経営者がSDGs を推進するという強い決意をことあるごとに伝え、社員への研修で理解を深めることも必要です。さらに、今の事業や製品・商品・サービス、技術と SDGs の紐づけをするため、ワークショップの形式をとり、SDGsのアイデアを募集するなど、社員を巻き込んで推進するとよいでしょう。

（5）　自社のリスクチェックの視点で考える

　SDGs に取り組む目的の一つに、自社の経営リスクをチェックし、リスクの顕在化を防ぐことがあります。社員の人権や長時間労働の是正といった働き方改革への対応、心身の健康への配慮、廃棄物発生や環境悪化を招く資源の使用による社会からの非難への対応など、これらを怠るとクリーンとは縁遠い企業として認知されるようになる可能性が高まります。

　リスクが顕在化することにより、大きな代償を払うことになることもあ

り得ますので、企業を防衛するという視点が必要となります。

(6) 自社のビジネスチャンスになるという発想で考える

　取引企業が SDGs を推進しているのに自社が取り組まないことにより、取引の土俵に立てなくなることも今後十分あり得ることですが、むしろ他社に先んじて SDGs に積極的に取り組むことが、先進企業としてビジネスの大きな飛躍のチャンスになるものです。新規取引先が生まれ、地域からも自治体からも認知され、新たな連携も生まれるなど、ビジネスが大きく広がっていく可能性が出てきます。

　社会課題解決のビジネスとして、既存の事業を見直して進めるのか、革新的で有効な解決策を見出し新しい事業を始めるのか。現状から考えるのではなく、バックキャスティングで 10 年後のあるべき姿を見据えて、現状を振り返る戦略が必要となります。

Chapter 3

SDGs 取り組みの
成功事例に学ぶ

1 ジャパン SDGs アワード 受賞企業分析

　中小企業経営者からは、「SDGs の重要性はわかったが、何から始めたらよいのだろうか」「自社にどんなメリットがあるのだろうか」「中小企業での具体事例を知りたい」などの声を聞きます。

　本章では、中小企業における SDGs の先進的な取り組みを紹介しつつ、中小企業経営者に、SDGs 経営の取り組み方や効果について、具体的なイメージを持ってもらいたいと考えています。そこで、中小企業の先進的な取り組み事例でもある「ジャパン SDGs アワード」の受賞企業を分析することで、SDGs 経営のイメージを把握していきたいと思います。

(1) ジャパン SDGs アワード

　ジャパン SDGs アワード（J アワード）は、日本政府が創設したものです。簡単に言えば SDGs に先進的に取り組む企業、地方公共団体や NPO ／ NGO などを表彰する制度です。2017 年の SDGs 推進本部第 3 回会合で決定・創設されたもので、SDGs の達成に向けて、優れた取り組みを行う企業・団体等が表彰されています。表彰項目には SDGs 推進本部長（内閣総理大臣）賞、副本部長（内閣官房長官／外務大臣）賞、特別賞「SDGsパートナーシップ賞」があります。

❶評価項目と評価基準
　SDGs の特徴と言われている「普遍性」「包摂性」「参画型」「統合性」「透明性と説明責任」の 5 つの各項目について、ABCD の 4 段階で評価を行い総合的に選考されます。

■ SDGs 推進本部による表彰制度

表彰区分	推進本部長賞 （内閣総理大臣表彰）	副本部長賞 （内閣官房長官表彰） （外務大臣表彰）	SDGs パートナーシップ賞 （特別賞）
概要	SDGsの推進事例で、もっとも優秀な取り組みを行っている企業または団体から SDGs 推進本部長（内閣総理大臣）が表彰	副本部長である官房長官・外務大臣による表彰	その他、特筆すべき功績があったと認められる企業・団体等を表彰
表彰数	1 案件	4 案件	6 案件 （2017 年〜2020 年平均）

■ジャパン SDGs アワード 5 つの評価項目

評価項目	評価内容
普遍性	● 国際社会において幅広くロールモデルとなる取り組みであるか ● 国内における取り組みの場合、国際目標達成に向けた努力としての側面を有しているか ● 国際協力に関する取り組みである場合、日本の繁栄を支えるものであるか
包摂性	●「誰一人取り残さない」の理念に則って取り組んでいるか ● 多様性という視点が活動に含まれているか ● ジェンダーの主流化の視点が活動に含まれているか
参画性	● 脆弱な立場に置かれた人々を対象として取り込んでいるか ● 自らが当事者となって主体的に取り組んでいるか ● さまざまなステークホルダーを巻き込んでいるか
統合性	● 経済・社会・環境の3分野における関連課題との相互関連性・相乗効果を重視しているか ● 統合的解決の視点を持って取り組んでいるか ● 異なる優先課題を有機的に連動させているか
透明性と説明責任	● 自社（団体）の取り組みを定期的に評価しているか ● 自社（団体）の取り組みを公表しているか ● 公表された評価の結果をふまえ、自社（団体）の取り組みを修正しているか

※類似の賞の受賞歴等は参考評価とし、採点はしない。

■評価基準

評価	評価基準
A	● 極めて顕著な功績があっと認められる
B	● 特に顕著な功績があったと認められる
C	● 顕著な功績があったと認められる
D	● 顕著な功績は認められない

❷公募制

　Jアワードは公募制です。例年8月頃に募集要項が発表され、5つの評価項目について自己評価して申請します。したがって、受賞を目指すためには、定量的・定性的にもしっかりとした自己評価が必要となります。また選考委員会は、SDGs推進円卓会議のメンバーから構成されます。

　SDGs推進円卓会議とは、SDGs推進本部の下に置かれた有識者や政府側関係者による意見交換の場です。日頃から、自社の活動情報が選考委員に届くような情報発信も大切であると考えます。受賞決定と表彰は、その年の12月です。

　受賞を目指すのであれば、実績を積む期間や公募スケジュールを念頭に、計画的に取り組むことが必要です。

　ちなみに2020年（令和2）第4回Jアワードの公募期間は8月5日から9月30日でした（表彰式は同年12月21日に開催）。

❸受賞結果の分析

　過去の受賞状況について説明します。

　応募総数は、2017年282、2018年247、2019年378、2020年303と増加傾向で推移しています（応募総数合計：1,210）。

　昨今のSDGsやESG投資への関心の高まりから見ると、今後も応募総数は増加する傾向にあると考えられます。

　この 4 年間の結果として、推進本部長（内閣総理大臣）賞をはじめ、合計 51 団体が受賞しています。企業や地方公共団体、NPO・NGO、教育機関など、SDGs を進めるうえで大切とされるさまざまなステークホルダーが受賞しています。ただし、単純な平均入賞率は 4.2% と狭き門と言えます（51/1,210）。

■ J アワード応募総数／入賞団体の属性

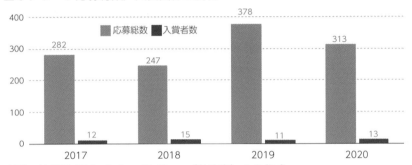

出所：JAPAN SDGs Action Platform（外務省）より作成

　また、入賞団体の属性を見ると、全体 51 団体のうち、企業関連は 22 社、割合は約 43%（大企業 25.5%、中小企業 17.6%）と一番多くなっています。

　SDGs を進めるうえで、資金やノウハウなどの視点からも、企業セクターの参画なしでは語れないことを考えると、当然の結果とも言えます。

　では本書がメインテーマとしている中小企業について見ていきます。

　2020 年までの受賞企業 22 社の内訳は、大企業（上場企業及びその関連企業）は 13 社であり、中小企業は 9 社です。大企業では、住友化学株式会社や株式会社伊藤園、株式会社ヤクルト本社、富士通株式会社などが

受賞しています。また大企業の関連企業では、大和証券グループである株式会社大和ネクスト銀行が受賞しています。

　一方で、株式会社大川印刷や株式会社エムアールサポートなどの、大企業と資本的・人的な関係のない中小企業も受賞しています。この結果を見ても、Ｊアワードでは大企業だけが評価されるわけではないことがわかります。(※株式会社小田急ビルサービスから会社分割により設立された2018受賞の株式会社日本フードエコロジーセンターは、中小企業に含めました)。

　また、受賞企業には創業100年を超える老舗企業もあれば、ベンチャー企業のような若い会社もあります。したがって、老舗企業だけでなく、設立後間もない中小企業にも十分受賞のチャンスがあります。

　そして取り組み内容では、SDGs が世界共通の目標であることから、国内だけでなく海外の取り組みも評価しています。とりわけ副本部長(外務大臣)賞は、この点についても評価していると思われます。

　2018年の副本部長賞受賞の会宝産業株式会社は、自動車部品のリサイクルにおける海外との取り組みを評価されています。国内のビジネスモデルであっても、発展途上国への支援や海外展開を見込める「普遍性」の視点を組み込むことが重要なポイントです。

■年度別ジャパン SDGs アワード受賞団体　※中小企業は青色太字

年度	本部長賞	副本部長賞	特別賞 （SDGs パートナーシップ賞）
2017 第1回	北海道 下川町	〈内閣官房長官賞〉 特定非営利法人しんせい パルシステム生活協同組合 連合会 金沢工業大学 〈外務大臣賞〉 サラヤ株式会社 住友化学株式会社	吉本興業株式会社 株式会社伊藤園 江東区立八名川小学校 国立大学法人岡山大学 公益財団法人ジョイセフ 福岡県北九州市
2018 第2回	株式会社日 本フードエ コロジーセ ンター	〈内閣官房長官賞〉 日本生活協同組合連合会 鹿児島県大崎町 一般社団法人ラ・バルカグ ループ 〈外務大臣賞〉 株式会社 LIXIL 会宝産業株式会社 特定非営利活動法人エイズ 孤児支援 NGO・PLAS	株式会社ヤクルト本社 株式会社フジテレビジョン 株式会社滋賀銀行 株式会社虎屋本舗 株式会社大川印刷 SUNSHOW GROUP 山陽女子中学校・高等学校 地歴部 産科婦人科舘出張佐藤病院
2019 第3回	魚町商店街 振興組合	〈内閣官房長官賞〉 大阪府 「九州力作野菜」「果物」プ ロジェクト共同体 （代表：イオン九州株式会社） 〈外務大臣賞〉 株式会社富士メガネ 特定非営利活動法人 TABLE FOR TWO International	日本リユースシステム株式 会社 株式会社大和ネクスト銀行 公益社団法人日本青年会議 所 徳島県上板町立高志小学校 大牟田市教育委員会 そらのまちほいくえん
2020 第4回	みんな電力 株式会社	〈内閣官房長官賞〉 北海道上士幌町 青森県立名久井農業高等学 校環境研究班 〈外務大臣賞〉 特定非営利活動法 Support for Woman's Happiness 特定非営利活動法人テラ・ ルネッサンス	長野県 SDGs プロジェクト 一般社団法人 Waffle 富士通株式会社 ふくしま未来農業協同組合 株式会社エムアールサポー ト 阪急阪神ホールディングス 株式会社 川崎市立平間小学校 株式会社キミカ

（2）Jアワード受賞のメリットと効果

　金銭的なメリットはありませんが、慣例として首相官邸で総理大臣から直接表彰されるので大変名誉なことであると言えます。表彰式の様子や内閣総理大臣や閣僚との記念撮影が首相官邸ホームページに掲載されます。受賞した企業や団体のその後の活動を見ますと、知名度や信頼度の向上、社員のモチベーション向上やアライアンス機会の増加などがあるようです。

　これらのメリットは、大企業よりもむしろ中小企業の方が大きいでしょう。当然のことながら、中小企業は一部の老舗企業などを除けば、大企業と比して知名度はあまり高くありません。それが、SDGs に取り組む好事例企業として、政府から表彰されるわけですから、知名度が上がり、信用が補完されます。世の中から評価されることで、従業員のモチベーションも高くなることが期待できます。加えて人材確保の観点から、SDGs に関心の高いミレニアム世代や Z 世代への効果的な PR ポイントにもなります。

　また、同様に SDGs 達成に取り組みたい大企業や、組織団体からのアライアンスも期待できます。このアライアンスをビジネスチャンスとして活かすことも可能です。実際、クラウドファンディングサイトで、SDGs をキーワードに中小企業と共同プロジェクトを立ち上げるため、資金提供を表明している大企業もあります。

　さらに期待できる効果としては、取引している金融機関との関係がよくなることです。SDGs 宣言をしたり専任部署を設置し、SDGs に関する私募債や融資制度を始める金融機関も増えてきています。with コロナ時代は、資金面や販売ルート開拓などを支援してくれる金融機関との関係は、より大切になってきています。ぜひ一度、取引をしている金融機関の SDGs への取り組みについて確認することをおすすめします。

　最近、Jアワードへの入賞を目指す中小企業経営者の方にもお会いするようになりました。確かに、何か物事に取り組むなら、目標を持つことは大切なことです。ただ、受賞は結果であり、SDGs を経営に取り込み「持

続可能な企業成長を実現することが重要」ということは忘れてはならない
点です。

■Ｊアワード受賞により期待できる５つの効果・メリット

①知名度向上・信用補完
②従業員のモチベーション向上
③人材採用でのＰＲポイント（優秀人材の確保）
④大企業や地方公共団体などとのアライアンス機会の増加
⑤金融機関との関係強化

（3）SDGs × SWOT 分析（受賞企業分析からのヒント）

　ここで、受賞した中小企業を、SWOT 分析のフレームワークに SDGs の
要素を加味して見ていきます。
　SWOT 分析とは、自社の内部要因や外部環境の分析などから経営戦略
を構築する際に活用されるフレームワークの一つです。内部要因と外部環
境の認識をふまえ、自社の強み（Strength）と弱み（Weakness）を把握し、
機会（Opportunity）と脅威（Threat）にどう対応し備えていくのかを明確
化していくものです。

SWOT 分析	プラスの要素	マイナスの要素
内部環境	強み （Strength）	弱み （Weakness）
外部環境	機会 （Opportunity）	脅威 （Threat）

このフレームワークに SDGs の基本的な考え方でもある「Innovation（技術革新）」、「Multi Stakeholder Partnership（パートナーシップ）」、「Ambition to Action（行動への思い）」、「Back-casting（バックキャスティング）」の要素を入れて見ていきます。

SDGs × SWOT 分析		内部環境	
		強み (Strength)	弱み (Weakness)
外部環境	機会 (Opportunity)	強み×機会 自社の技術を成長戦略に活かす ①イノベーション戦略 (Innovation for SDGs)	弱み×機会 機会を活かすために自社の弱みを補強する ③戦略 PR (Ambition to Action)
	脅威 (Threat)	強み×脅威 自社の強みで脅威を切り抜ける ②アライアンス戦略 (Multi Stakeholder Partnership)	弱み×脅威 脅威からの影響を最小限にするためあるべき姿からファンを創る ④バックキャスティング（Back-casting)

■株式会社日本フードエコロジーセンター（2018 年度　本部長賞）

株式会社フードエコロジーセンター（以下、J.FEC）は、神奈川県相模原市で食品リサイクル事業を営む従業員数約 35 名（2021 年 2 月現在）の会社です。

2018 年第 2 回 J アワードで本部長（内閣総理大臣）賞を受賞しています。受賞の概要は、次の 3 点です。

●「食品ロスに新たな価値を」という企業理念の下、食品廃棄物を有効活用するリキッド発酵飼料（リキッド・エコフィード）を産官学連携で開発し、廃棄物処理業と飼料製造業の 2 つの側面を持つ新たなビジネスモデルを実現した。

- 国内で生じる食品残から良質な飼料を製造し、輸入飼料の代替とすることで、飼料自給率の向上と共に穀物相場に影響を受けにくい畜産経営を支援。食料安全保障に貢献した。
- 同社の飼料を一定割合以上用いて飼養された豚肉をブランド化し、養豚事業者や製造業、小売り、消費者を巻き込んだ継続性のある「リサイクル ループ（循環型社会）」を構築した。

SDGs × SWOT 分析		内部環境	
		強み（Strength）	弱み（Weakness）
外部環境	機会（Opportunity）	●「食品廃棄ロス」「温暖化ガス」の削減という社会課題の解決に向け、「リキッド発酵飼料」というイノベーションを産官学連携で開発 ●開発した技術を一般社団法人日本科学飼料協会からの認証で差別化と信用付与	●小田急グループの食品リサイクル事業である「優とん」に参画し大企業との連携で戦略 PR を推進し露出を拡大、知名度向上、信用を補完
	脅威（Threat）	●「リキッド発酵飼料」を軸に「食品関連事業者」、「収集運搬業者」、「養豚名農家」を繋ぐ「食品リサイクルループ」というアライアンスを推進 ●工場見学を通じて国内外とのアライアンスを推進	●目指すべき消費社会を描き、バックキャスティングの発想から「エコフィード」という造語を発信し、消費者のファンを創ることで脅威を低減

イノベーション戦略

J.FEC の強みは、イノベーションによる「食品廃棄ロス」「温暖化ガス」

の削減という社会課題解決に、産官学連携で取り組んだ点です。「ごみ処理の問題解決」と「畜産経営の問題解決」に向け、食品廃棄物から豚の飼料となる「リキッド発酵飼料」をSDGsの大きなエッセンスである「アウトサイドイン」の発想から開発しています。

自社独自の技術を改良することで、社会課題や地域課題を解決できるかどうかを検討してみることが大切と言えます。

アライアンス戦略

リキッド発酵飼料を軸に、食品関連事業者、収集運搬業者、養豚農家をつなぐ「食品リサイクルループ」の構築というアライアンス推進にも取り組んでいます。

また、今回の受賞を契機に海外を含めて外部からの工場見学の受け入れを始めています。リキッド発酵飼料という「食品廃棄ロス」「温暖化ガス」対策でのイノベーションによりアライアンス機会が増加しています。

戦略PR

SDGsを共通言語に、「Ambition to Action（行動の思い）」を大企業である小田急グループと展開しています。リキッド発酵飼料で生育された肉を、小田急グループの食品リサイクルである「優とん」に提供しています。

ESG投資の潮流を考えれば、小田急グループと食品廃棄ロス対策に具体的に取り組んでいることは大きな意味があります。小田急グループが展開する「優とん」にサプライヤーとして参画することで知名度向上や信用度補完となる戦略PR効果が生まれています。

バックキャスティング

農林水産省がエコフィード事業を推進しています。エコフィード（ecofeed）とは、"環境にやさしい"（ecological）や"節約する"（economical）等を意味する「エコ」（eco）と「飼料」（feed）を併せた造語です。

　「リキッド発酵飼料」は、エコフィードとして一般社団法人日本科学飼料協会から認証されています。安全・安心な飼料としての情報を養豚家や消費者に伝えています。まさに同社の取り組みは、政府が推奨する「循環型経済社会（サーキュラー・エコノミー）」の実現に向けたものであると言えます。

　J アワードを受賞した J.FEC は、まさに「エコフィード」のトップランナーと言えます。「エコフィードという新たな食のブランドが世の中に広まる消費社会」を目指すという目標を立てて、バックキャスティングの発想で自社のファンを創り、中小企業である弱みを克服しようとしているのです。

■株式会社大川印刷（2018 年度　特別賞）

　株式会社大川印刷（以下、大川印刷）は、神奈川県横浜市で印刷業を営む、1881 年（明治 14 年）創業の従業員約 40 名（2021 年 2 月現在）の 100 年企業です。2018 年第 2 回 J アワードで特別賞（パートナーシップ賞）を受賞しています。

　受賞の概要は、次の 3 点です。

- SDGs 経営戦略を策定し、経営計画そのものに自社の本業で実現可能な SDGs を実装。「ゼロカーボンプリント」に加えて、2020 年までに「ごみゼロ工場」を達成する活動を推進。
- パートを含む全従業員を対象に、社内ワークショップを実施。各自の問題意識を全体共有したうえで、SDGs との関連付けを行い、課題を解決するプロジェクトチームを従業員主体で立ち上げ SDGs を推進。
- その他、障がい者支援活動、RE100 へ向けた取り組み、子ども向けの SDGs 工場見学ツアー実施、SNS や HP を使った積極的な SDGs 活動の発信等。

また、選出のポイントの一つとして、地域の中小企業が全社員への
SDGs教育を実施し、ボトムアップ型でSDGs経営戦略を策定しているこ
とも挙げられます。

SDGs × SWOT 分析		内部環境	
		強み (Strength)	弱み (Weakness)
外部環境	機会 (Opportunity)	●コスト競争になりがちな印刷業界で、ゼロカーボンプリントなどの環境技術やディーセントワークという視点での新たなビジネスモデルをイノベーション ●社員ワークショップからのボトムアップによる商品開発を続けているなかでイノベーションを推進	● SDGsの啓発に資する講演や情報発信に努めるなか、自治体や大企業との連携で戦略PRを推進し露出を拡大、知名度向上、信用を補完
	脅威 (Threat)	●全従業員参加によるSDGsへの取り組みを通じて業種を超えた勉強会などを開催し、ネットワークを構築 ● SDGsを接着剤にアライアンスを積極推進	●自社のあるべき姿を社会課題を解決できる「ソーシャル・プリンティング・カンパニー」と位置付けて、SDGsやESGを推進する企業・団体とのアライアンスを推進し脅威を低減

イノベーション戦略

大川印刷の強みは、製薬会社や食品会社との取引で培った、健康や環
境に配慮した印刷技術を活用し、「ゼロカーボンプリント」を開発したこ
と。また、従業員の健康維持を目的にインク素材の変更をSDGs（ゴール
8ディーセントワーク）に結び付け、新たなビジネスモデルとしてイノベー

ションした点です。

　人の健康や地球環境にもやさしい印刷技術は、製薬会社や食品会社だけではなく、ESG に取り組む企業との取引には差別化としての効果も期待できます。

　特筆すべきは、社員ワークショップのなかから出てきたアイデアを吸い上げ、ボトムアップで新たな商品やサービス開発につなげているところです。

アライアンス戦略

　今後、大手の印刷業者も間違いなく大川印刷が得意とする分野に参入してきます。大川印刷は、中小企業らしく地域密着型のネットワークを広げています。SDGs を接着剤として、2018 年 9 月に「川でつながる SDGs 交流会」と題し、NPO 法人海の森・山の森事務局や株式会社太陽住建と一緒に始めました。

　地域の企業や NPO、自治体職員も参加する、SDGs をキーワードとする勉強会を定期的に開催することで、情報発信とネットワークを広げています。ネットワークを広げる過程でパートナーシップを組み、それをきちんとビジネスとして成立させているということは大変参考になります。

　その具体的事例の一つとして、ノーベル平和賞を受賞した元アメリカ副大統領であるアル・ゴア氏が 2019 年 10 月に初めて日本で開催した講演会「The Climate Reality Project」の日本語版テキストの印刷を受注しています。まさに SDGs が海を越えて、両者を結びつけたものです。

戦略 PR

　大川印刷は、トップ自ら自治体や商工団体、金融機関主催のセミナーに講師として登壇しています。事業としてではなく、SDGs を啓発することが社会への貢献になるという理念のもと講演活動をしています。また最近では、従業員も新聞、雑誌、TV などのメディアに取り上げられています。

　多くの中小企業は、知名度を上げるために広告宣伝費を多くかけること

はできません。大川印刷のように SDGs を活用して、戦略的な PR に取り組むのは大変有効です。

バックキャスティング

　大川印刷は、地域における SDGs や ESG プロジェクトを支援することで、単なる印刷業にとどまらず、自らを社会課題を解決する「ソーシャル・プリンティング・カンパニー」と位置付けて、情報発信しています。

　また 100 年企業という信用だけにとらわれず、先見性を持ち、今後中小企業にも大きな流れが来ると予測される再生可能エネルギー対策として、「RE100」にも取り組んでいます。

② 地域で活躍する SDGs 企業

　東京都品川区にある NGP 日本自動車リサイクル事業協同組合（以下、NGP）は、廃車を回収し適正処理を施したうえで、自動車部品のリユース販売、鉄・銅・アルミなど素材の再資源化を行う、全国の中小企業 136 社の自動車リサイクル会社で構成されています（2021 年 2 月現在 ）。

　SDGs への取り組みの成功事例の一つとして紹介しましょう。

(1)「豊島事件を風化させない」の思いから

　香川県小豆郡土庄町に、現在は「アートの島」としても知られる「豊島」があります。1990 年、瀬戸内海国立公園の一部にも指定されている「豊かな自然に恵まれた島」である豊島で国内最大級ともいえる不法投棄事件が発覚しました。その不法投棄物とは、「使用済み自動車の破砕くず（シュレッダーダスト）」や汚泥、廃油などであり、過去最悪とも言える環境汚染を引き起こしました。

　不法投棄は、1970 年代後半から始まり、不適切な焼却による児童の健康被害も引き起こし、土壌からは、高濃度のダイオキシンや鉛・水銀・カドミウムなどが検出されました。当初は行政の動きが鈍かったこともあり、地域住民が立ち上がり、日本弁護士連合会会長であった中坊公平氏らの支援も得て社会問題化しました。

　この事件を契機として、2002 年に「自動車リサイクル法」が制定（2005 年施行）されています。

　豊島では、2003 年から廃棄物の撤去を始め、廃棄物の量は 93 万トン以上、処理総額は 700 億円を超えました。2017 年に廃棄物の撤去が終了

しましたが、残念なことに 2018 年に新たな廃棄物 610 トンが見つかっており、現在は汚染された地下水の浄化作業が続けられています。

　豊島事件は、経済成長のもと、大量生産、大量消費、大量廃棄という効率を求められる社会のなか、都会で発生した大量のごみが地方の小さな島に押しつけられるという社会問題として注目されました。環境破壊は、次世代にとって「負の遺産」であり、本事件は「環境破壊の再生には長い年月がかかり、その代償は後世が払う」ということを教示しています。

　自動車リサイクル事業を全国で展開する NGP は、この事件が風化することのないよう、使用済み自動車の適正処理を高度化し、その使用済み自動車から有効に活用する「リサイクル部品」を社会に提供することで「循環型社会」への貢献に努めています。

(2) NGP SDGs MODEL への挑戦

　私たちの地球は、産業革命以降の爆発的な人口増加や、グローバル化による経済成長により、資源の枯渇や増加する廃棄物、温暖化問題などを抱え、深刻な状況にあると言われています。限りある資源の有効利用を進め、ごみの排出量を抑制することで環境負荷を低減し、持続可能な社会の実現を目指す必要があります。

　我が国は、モータリゼーションの進展に伴い自動車の保有台数は約 7800 万台になっており、現在年間約 350 万台程度が廃車にされています。

　自動車は、鉄やアルミ、レアメタルなどの有用金属から製造されているため、総重量の約 80％がリサイクルされます。残りの 20％は、破砕くずであるシュレッダーダストになります。また、自動車のエアコンに冷媒として使用されているフロン類は、適正に処理されないとオゾン層破壊や地球温暖化の問題を引き起こす要因になってしまいます。さらにエアバッグを解体するには専門的技術を要します。すべての自動車の保有者・使用者に自動車リサイクル法「使用済み自動車の再資源化等に関する法律」の順守が求められていることは言うまでもありません。

　このような環境認識に立ち、NGP は、自動車リサイクル法「使用済み自動車の再資源化等に関する法律」を順守し、使用済み自動車から始まる「循環型社会の構築」を目指し、2019 年に「NGP SDGs MODEL」を策定しました。

　本業を通した二つの取り組みを柱として、SDGs に貢献する持続可能なビジネスモデルの構築を目指しています。

　具体的な取り組みの一つは、「廃車王」のブランドで全国展開する廃車の適正処理と再資源化です。NGP の 1 台あたりのリサイクル率は約 99％であり、使用済み自動車の再資源化のために、最新設備と培った技術で有用な金属類を回収し、環境のための資源循環事業を展開しています。使用済み自動車の 20 〜 30％はリサイクル部品として再利用されます。

　リサイクル部品は、大きくは「リユース部品」と「リビルト部品（再生部品）」に分けられます。

　リユース部品は、使用済み自動車から再利用可能な部品を取り外し、洗浄、品質チェックを行い、商品化したものです。リユース部品は、「グリーン購入法」の対象品目です。NGP リサイクル部品は、統一した厳しい品質基準のもと、合格したもののみを発送しています。

　リビルト部品とは、使用済み部品を分解し、磨耗・劣化した部分を新品と交換して、再度組み立てて品質チェックを行った部品のことです。

　NGP は、これらのリサイクル部品を外装・機能部品として 325 アイテム（バンパーやドア、フロントグリルやテールランプ、エンジンなど）、常時 150 万点在庫しています。

　NGP は、リサイクル部品の利用促進が CO_2 の削減に効果があるとして、2013 年からその効果測定をするため、富山県立大学・明治大学と産学共同研究を行ってきました。直近の研究結果によれば、NGP のリサイクル部品を使用することによって削減される 1 年間の CO_2 の量は 31,338t（t-CO_2）です。ブナの木、280 万本分と同じ CO_2 削減効果が見込まれます（2018 年 9 月〜 2019 年 8 月実績）。

　政府は 2020 年 10 月に「2050 年に向け、温暖化ガスを実質ゼロにする」

と発表しました。今後も政府方針をふまえ、リサイクル部品の推進により、CO_2 の削減に貢献していくそうです。

　二つ目の取り組みは、香川県の豊島での環境保全・再生活動です。

　具体的には豊島事件をきっかけに設立された「NPO 法人瀬戸内オリーブ基金（以下、オリーブ基金）」の活動である「豊島ゆたかなふるさとプロジェクト」に参画しています。

　オリーブ基金は、中坊公平氏や建築家の安藤忠雄氏らが中心になって設立されました。全国から寄せられた寄付金により、豊島にはオリーブの木

■ NGP の SDGs モデル

が植えられ、2014 年から 2019 年の間に約 19 トンの実が収穫されるまでに成長しています。

　今ではこのオリーブを使った食用や美容用のオリーブオイル、オリーブ石鹸も作られ、その売上は瀬戸内エリアの自然を守る活動に使われているとのこと。

　NGP は「オリーブ基金」への具体的な支援活動として、海洋漂着ゴミの回収と国立公園にふさわしい姿への回復を目指して、雑草などの除去作業に参加しています。

　2020 年の海洋漂着ゴミ回収作業では、コロナ禍の影響なのかもしれませんが、マスクも散見されました。また適正な廃車手続きである「廃車王」や「リサイクル部品」の CO_2 削減量に応じて、「オリーブ基金」への寄付も実施しています。

　オリーブの木は平和の象徴とも言われます。NGP は「オリーブ基金」への支援は環境に加え、16 番目の SDGs「平和」につながる活動であると言えそうです。

■ 2030 年 NGP の SDGs 目標

- 使用済み自動車約 1,000 万台から 2,000 万点以上の自動車リユース部品と適正なリサイクル処理を実施し、50 万トン以上の CO_2 削減に貢献します。
- 香川県豊島の産業廃棄物（自動車破砕くず等）不法投棄により失われた自然を取り戻す環境再生活動を行い、環境保全と 3R の大切さを後世に伝える活動を行います。

（3）災害発生時での被災車両の引き上げ

　地球温暖化の影響もあり、近年自然災害が増えており、豪雨による土砂崩れや河川の氾濫によって自動車が流されるなどの災害が多く発生しています。

　土砂や濁流にのまれた自動車の多くは、自走することが困難となり、災害復旧活動の妨げになります。NGPは「ゴール11への貢献」として、グループ企業の株式会社NGPと連携し、自然災害発生時の被災車両の引き上げにも取り組んでいます。

　2019年は、関東・甲信越・東北地方などでの被災関連を中心に、約5,000台を引き上げています。

　九州地方を中心に大きな被害をもたらした2020年7月豪雨においては、7月4日に対策本部を設置し、7月9日に熊本県人吉市に人吉ヤードを、15日には福岡県筑後市に長浜ヤードを設置し、被災車両の引き取りを開始するなどのスピード感のある被災地支援を行っています。

　今後は、事前に自治体と包括連携協定を結ぶなどの取り組みも検討した

いとのこと。

　なお、過去の実績としては 2011 年の東日本大震災では 1,825 台、2015 年の関東・東北豪雨では 1,160 台を引き上げました。2018 年の西日本豪雨では 2,497 台、台風 21 号被害では 1,166 台を引き上げています。

（4） NGP のアップサイクルプロジェクト 「廃棄物から価値あるものへ」

　廃棄自動車の取扱説明書を資源として有効活用し、環境教育ノートの製作につなげようという取り組みです。

　取扱説明書は、回収しなければ産業廃棄物となり、ASR（シュレッダーダスト）として埋め立て処分されるか、燃料として焼却され、サーマルリサイクルされます。 NGP のアップサイクルプロジェクトでは、これを廃棄せずに有効な資源として回収し、環境教育ノートを製作しています。自動車リサイクルの流れを通じて、子供たちに 3R の大切さを勉強してもらうための教材です。

　我が国の廃車自動車台数は年間約 360 万台とも言われています。この 1 台 1 台にある取扱説明書を有効利用する、新たな「リボーンシステム」への挑戦が始まっています。

このアップサイクルは、2018年度にジャパンSDGsアワード特別賞を受賞した大川印刷の協力も得て再生紙に印刷されており、またインクは環境に優しい「ノンVOCインキ」を使用しています。製造工程でも環境に配慮し、使用電力100％再生可能エネルギーの利用を目指す企業と協力して製作しているそうです。

03 環境に配慮した印刷
協力：株式会社大川印刷 様

VOC FREE™
「ノンVOCインキ」
石油系有機溶剤を全く含まないインキ

再生紙に印刷。インクは環境に優しい「ノンVOCインキ」を使用

印刷された紙がノートに製本

さらに、NGPでは、自動車に使用されている素材の再資源化により廃棄物を抑制し、環境負荷を低減、持続可能な社会の実現を目指しています。

NGPは、自動車の素材変化、例えばxEV（※1）など次世代自動車にも対応できるよう、世界の動きの一歩先を行くグループとして徹底した素材リサイクルに取り組んでいます。これからもNGPは、「Think Globally, Act Locally」の考えのもと、地球温暖化防止に貢献していけるよう、使用済み自動車の適法・適正な解体作業を推進し、リサイクル部品の利用促進により、未来創造や持続可能な社会の実現に向けて事業を進めていくことでしょう。

※1 「電気自動車／ハイブリッド自動車／プラグイン・ハイブリッド自動車／燃料電池自動車」の総称。

Chapter 4

自社の SDGs 対応を診断

1 SDGs 経営導入のための 自社チェック

(1) まず経営者自身が自社をチェックする

昔から近江商人の「三方良し」という言葉があるように、「売り手良し、買い手良し、そして世間良し」は、売り手と買い手が共に満足し、また社会貢献できるのが良い商売であるという心得、商人道を示しています。

自らの利益のみを求めるのではなく、多くの人に喜ばれる商品を提供し続けることが、買い手である顧客はもちろん、世の中にとっても良いものであるべきだという経営哲学は、SDGs の理念とも合致するものです。

企業が存在しているということは、その提供する商品なりサービスが顧客やステークホルダーに受け入れられているということです。したがって、企業活動というものは、何らかの形で SDGs に取り組んでいるものです。そこでまず、自社の SDGs への取り組み状況をチェックし、自社の現在の立ち位置を確認してみましょう。

(2) 経営者自己評価のチェック項目

巻末に「SDGs 経営導入自己チェックシート」を添付していますので、まずは自社の取り組み状況をチェックしてみてください。大きく 5 項目に分けて診断します。

診断項目は次のとおりです。

① 企業の社会的責任（CSR）貢献度
● 会社で地域貢献活動（清掃活動・ボランティア等）に取り組んでいる
● 社員のボランティア活動を奨励している
● 自治体（企業版ふるさと納税を含む）や大学等への寄付をしている
● 自社の CSR 取り組みをホームページなどで公表している

② SDGs の理解度
● SDGs の読み方を知っている
● SDGs が西暦何年までの目標であるかを知っている
● SDGs のゴール数やカラーホイールを知っている
● SDGs のゴールが「社会」「環境」「経済」に分けられることを知っている
● 「誰一人取り残さない」が SDGs の理念の一つであることを知っている
● 「SDGs ウォッシュ」という言葉の意味を知っている

③ SDGs 取り組みの社内啓発状況
● カラーホイールのバッジを着用している
● 社外での SDGs セミナーに参加している
● 社内で SDGs 研修を実施している
● SDGs に取り組むことを社内外に宣言している

④ SDGs につながる自社業務の取り組み状況
〈社会〉
● 人材育成のために、社員向けの研修制度や教育制度を設けている
● 多様な人材（女性、外国人、高齢者等）を雇用している
● 自社商品・サービスが社会課題（貧困、飢餓、健康・福祉・教育等）

解決に関わっている

〈環境〉

● 企業として環境活動（植林活動・紙の節約や節電・節水）に取り組んでいる

● 温室効果ガス（二酸化炭素、メタン、フロン）排出削減に向けた取り組みを行っている

● 自社商品・サービスが環境課題（クリーンな水・気候変動・生物多様性）解決に関わっている

〈経済〉

● 社員が働きやすい職場環境づくり（仕事と家庭の両立支援等）に取り組んでいる

● グリーン調達（環境負荷が小さい商品を優先する）を行っている

● 自社商品・サービスが「経済課題（ディーセントワーク・イノベーション等）解決」に関わっている

〈パートナーシップ〉

● 自治体や自治会・商店街などとの連携・協力関係がある（協定など）

● 大学などの教育機関や他企業との連携・協力関係がある（共同研究など）

● 商工3団体に加入している

⑤社内体制整備有無

● 社員の安否確認システムがある

● 社員向けの防災対策を実施している（防災グッズの配布や研修等）

● ハザードマップで被災想定区域や避難場所・避難経路などを把握している

● 社有車の交通事故防止に向けた取り組みを実施している

● 事業継続計画（BCP）を作成し、定期的に訓練等を実施している

● 「働き方改革」関連（時間外管理・同一労働同一賃金等）の法制度を知っている

- セクハラ等の各種ハラスメントを防ぐルール・教育・相談体制を整備している
- 社員の健康や安全に配慮した業務運営体制の整備に取り組んでいる
- 反社会的勢力との関わりを持っていない

(3) 診断結果から取り組み度合のレベルを知る

以上の 35 問のなかで、「はい」と答えた質問項目を数えてみましょう。

□ 25 問以上の場合

SDGs に全社を挙げて取り組んでいることを表しています。さらに自社ならではの SDGs に磨きをかけてください。

□ 18 問以上の場合

現在の経営活動が SDGs に沿っているといえますが、SDGs への取り組みは、まだこれからと言えるでしょう。目標を掲げ計画的なプランを立て、一つひとつ着実に取り組んでいきましょう。

□ 18 問未満の場合

まだ緒に就いた段階と言えます。全社員の理解を進め、自社の業務を見直して、SDGs に関連する紐づけから始めてみましょう。

(4) 項目別に自社のレベルを知り、課題を見つける

(2)の項目を細分化しました。企業の社会的責任（CSR）、SDGs の理解度、SDGs 取り組みの社内啓発、SDGs につながる自社業務の具体的な取り組み状況、そして社内体制整備です。項目別に課題を解決するためのチェックポイントを挙げましたので、自社の課題を見つけ、解決していくことによって SDGs のレベルを上げるようにしていきましょう。

① 「企業の社会的責任（CSR）の課題解決」チェックポイント
　　□清掃活動、寄付、ボランティアなど社会貢献活動に取り組んでいる
　　□地産地消、地産外商など、地域資源を積極的に利用している
　　□自社事業が地域に与える影響を把握し適切に対応している
　　□自治体への企業版ふるさと納税を行っている
　　□自社のホームページなどで取り組みを発信している

② 「SDGs 理解度の課題解決」チェックポイント
　　□ MDGs から SDGs へ流れを理解している
　　□ SDGs を後押しする ESG を理解している
　　□ SDGs の目標別ターゲットと指標を熟読している
　　□ SDGs の 5P 及びウエディングケーキモデルによる区分を理解している

③ 「SDGs 取り組みのための社内啓発の課題解決」チェックポイント
　　□自社の経営理念や経営方針を SDGs の言葉で発信している
　　□ SDGs の社内研修を行っている
　　□ SDGs 推進プロジェクトを発足させている
　　□社内から SDGs 推進への意見提案の仕組みができている

④ 「SDGs につながる自社の取り組み状況の課題」チェックポイント
〈社会〉
　　□適切な能力開発、教育訓練の機会を社員に提供している
　　□自社業務やサービスを地域社会に公開したり、教育の場を持っている
　　□同一労働同一賃金、ジェンダー平等に取り組んでいる
　　□自社の活動及び商品・サービスが、社会課題（貧困、飢餓、健康、

福祉、教育等）解決になることを紐づけて取り組んでいる

〈環境〉

□ペーパーレス、節電、節水、省エネに取り組んでいる

□包装資材の簡素化、プラスチック類の使用削減に取り組んでいる

□食品ロス、フードロスに取り組んでいる

□廃棄物の管理を行い、適切な処理に取り組んでいる

□リデュース、リユース、リサイクルに取り組んでいる

□自社の活動及び商品・サービスを、環境課題（クリーンな水、気候変動、生物多様性等）解決になることと紐づけて取り組んでいる

〈経済〉

□テレワーク、フレックスタイム、オンライン会議・面談に取り組んでいる

□残業削減と生産性向上の両立に取り組んでいる

□社員のモチベーション向上に取り組んでいる

□エコ商品、エコ資材にこだわっている

□自社の商品・サービスの改善や刷新で、業界を進化させることに取り組んでいる

□自社の活動及び商品・サービスが、経済課題（ディーセントワーク・イノベーション等）解決になることを紐づけて取り組んでいる

〈パートナーシップ〉

□ステークホルダーとの対話を促進し、自社の活動への理解を得ている

□商工会議所や異業種交流会等に加入し、協力関係を築いている

□自治体等の公共機関と連携関係を築いている

□提携や共同で商品・サービスの開発や提供を進めている

⑤社内体制整備の課題解決チェックポイント

□自然災害や感染症に対応した BCP（事業継続計画）を作成して

いる

□労務リスク（未払残業代、パワハラ・セクハラ・モラハラ等）対
　策をとっている

□働き方改革に適合した就業規則を整備している

□社員の心身の健康安全に配慮した運営体制を整備している

□企業防衛・リスクマネジメントを実施し、リスクヘッジをしてい
　る

□法令遵守の考えが社内に浸透し、確実に実施する仕組みを構築し
　ている

□個人情報、社内情報を適切に管理している

2 SDGs ウォッシュにならない

(1) SDGs ウォッシュとは

　社員が SDGs バッジをつけたり、ホームページに SDGs のアイコンを貼り付けたりして、「わが社は SDGs で貢献しています」と謳えば、SDGs 支援企業になるのでしょうか。

　SDGs に関心を持つことは大切なことですが、それだけでは「SDGs ウォッシュ」と言われかねません。

　環境に優しいと見せかけるが、実は効果がないことが「グリーンウォッシュ」と呼ばれます。環境だけでなく、うわべだけを見せて SDGs に貢献していると謳うことが、「SDGs ウォッシュ」と呼ばれることになります。SDGs が流行りになってきたからこそ、そうした企業が多いのが現実かもしれません。

　また、提供している商品やサービスが一つの SDGs のゴールに貢献していることは確かだが、一方では他の SDGs のゴールには負のインパクトを与えることも「SDGs ウォッシュ」と言われます。

　植物由来のパーム油が健康によいことから評判になり、増収に増収を重ねましたが、一方では、パーム木の植林のため森林を伐採し、先住民の生活をを脅かし、気候変動にも多大な影響を与えるとして、パッシングを浴びた例もあります。

　せっかく SDGs 達成に貢献できる商品やサービスを提供したとしても、企業にとって逆にマイナスイメージが広まり、ブランディングに傷がつくこともあるということに注意しておく必要があります。

（2）SDGs ウォッシュと言われないためには

　まずは、表面だけの SDGs 貢献企業ではなく、全社員が SDGs 達成のための理解と行動を伴う必要があります。義務ではなく、自社の SDGs 理念を明確にし、企業活動や商品やサービスを SDGs 目標と紐づけして提供していく体制が求められます。

　次に SDGs の目標やターゲットから、「やってはいけないこと」を見つけておくことが大切です。環境や社会に対する被害が出ないか、地元にとって悪影響を与えないかなどをリスクの観点から考えることです。労働時間や賃金、人権、差別、廃棄物や化学物質、土壌汚染や海洋汚染、温暖化、絶滅危惧種の保護、違法な行為などを、SDGs ウォッシュを予防するという視点でチェックしておくことです。

SDGs 経営とパーパス

1 SDGs 経営の意義と SDGs 宣言

（1）新型コロナによる企業の内省的思考とパーパス

　新型コロナウイルス感染の拡大により、多くの企業が自社業務を内省的に見るようになったと言われています。

　例えば、コロナ禍により半ば強制的に始まったテレワークですが、業務に支障がない企業は拡大に舵を切りました。その結果オフィススペースの削減や機能の見直しにとどまらず、マネジメントや人事制度の改訂、サプライチェーンの変更、本社の地方移転などを検討する企業も出始めています。

　一方、売上の減少などコロナ禍の影響が続くことへの懸念から、改めて自社の存在意義を考え、職場環境や組織体制、中期経営計画などの見直しをする動きもあります。

　「企業の存在意義」が問われているなかで、最近「パーパス（Purpose）」という言葉が散見されるようになりました。このパーパスを経営の中心に置く経営を「パーパス経営」あるいは「パーパスドリブン」と呼ぶこともあります。

　パーパスを辞書で引けば「目的・意図」、「決意」という日本語訳が出てきますが、社会に対する企業の「志」という言葉に換言できるのかもしれません。

　かの松下幸之助も「人間はしばしば困難に直面することもあり、事、志とたがう場合もありますが、そういう場合でも志を失わなければ、必ずやそれが転機となってプラスになっていくものだということを私はしみじみと感じます」と、「志」の大切さを語っています。

　まさにコロナ禍により、事業環境が厳しく変化するなか、持続可能な経営を望むのであれば、自社の「志」つまり「パーパス」は何なのかを、改めて見つめ直す必要があります。

　また「パーパス」は社内だけで理解共有するものではなく、強固な顧客基盤、自社のファンを創る意味でも取引先やお客さまへのメッセージとして発信できるものとすべきです。この点では「パーパス」は外部のステークホルダーからの共感性も求められます。

(2)　パーパスを SDGs のなかに求める

　SDGs の説明をすると中小企業経営者からは、自社の経営理念や創業精神に通ずるものがあるとの声も聞きます。

　創業者の場合は、一般的には相談できる人が少ないこともあり、自分の考えや自社の経営方針をまとめるにあたっては先達の考えを改めて勉強する方が多いようです。例えば、近江商人の「売り手よし、買い手よし、世間よし」の「三方よし」、二宮尊徳の「経済なき道徳は戯言であり、道徳なき経済は犯罪である」、松下幸之助の「企業は社会の公器」、渋沢栄一の「論語と算盤」など、多くの先達が、事業経営での倫理と社会貢献を説いています。

　多くの中小企業の経営理念には、このように創業者の想いと社会への貢献が織り込まれていると思います。

　一方、SDGs は 2030 年までの目標ですが、経営者のなかには「そんな先のことまで考えられない」という方もいます。その際に思い起こしてほしいのは、二宮尊徳翁の「遠きをはかる」です。

　「遠きをはかる」とは、「遠い先を考えるものは富み、目先のことばかり考える者は貧乏する。先を考える者は、百年後のために松や杉を植える。春植えて秋実るものなどを植える。目先を考える者は、回りくどいことを言って植えず、眼前の利益に迷って植えず、刈り取ることばかり考える」という意味です。

150年以上前、「宵越しの銭は持たないのが江戸っ子」と言われていた時代に、事業の中長期計画を考えることの重要性を語っていることはある意味驚きです。

　少々脱線しましたが、新型コロナの影響をふまえたパーパスを考える場合は、一度、自社の企業理念や創業者精神に立ち返り、見つめ直すことから始めるべきかもしれません。

　残念ながら中小企業では、経営者が代わることで、創業理念が徐々に薄れて形骸化し、企業理念は社長室に飾ってあるだけということもあります。コロナ禍のなか、創業の原点に戻ることでパーパスが明確になり、新たな価値創造ストーリーを描ける場合もあります。ぜひ一度、「企業理念」「創業者精神」を横に置いて、SDGsについて社員で論議することをお勧めします。

　SDGsはゴールなので「目標」と訳されますが、「我々の世界を変革する」ツールという側面もあります。自社に置き換えれば、「我々の会社を変革するツール」と言えるでしょう。

　持続可能な経営を実現するためには、パーパスを明確にして、未来を見据え、会社を変革させていかなくてはならないのです。

　ここで実際に企業のパーパスを開示している企業をいくつか紹介します。

● 富士通グループのパーパス
　「私たちは、イノベーションによって社会に信頼をもたらし、世界をより持続可能にしていきます」
● 味の素グループのパーパス
　「食と健康の課題解決企業」
● 第一三共グループのパーパス
　「世界中の人々の健康で豊かな生活に貢献する」

　いずれも日本を代表する企業ですが、その存在意義をSDGsやESGに求めていることがおわかりいただけるでしょう。

■よりレジリエント（強靭）な経営へ

　新型コロナウイルスは、ワクチンの普及で集団免疫を獲得し治療薬が開発されれば終息すると思いますが、新たなウイルスによるパンデミックが再び起きないとは言えません。

　一方、大規模地震や気候変動（危機）による自然災害の増加も、企業経営にとっては大きなリスクとなります。

　パンデミックや自然災害は大きなダメージを伴います、それを乗り越え、少しでも早く再始動するには、自社の経営をよりレジリエント（強靭）なものにしなくてはなりません。

　しかし、その方法を示す教科書がありません。そこで、多くの経営者がその答えや方法を SDGs のなかに求めているのです。

（3）新型コロナ危機や SDGs への取り組みに際しての「社員向けトップメッセージ」

　今回のコロナ感染拡大危機に際し、従業員にトップメッセージを発信した経営者は多いと思います。SDGs 活動に積極的で、コロナ危機に際してもホームページなどで従業員向けメッセージを公開している企業のなかから、ネスレ・グローバル（以下ネスレ）とトヨタ自動車（以下トヨタ）を紹介します。

　ネスレは、「A message from out CEO to employees」、トヨタは「There is nothing we can't overcome!」と題してメッセージを発信しています。

　両社ともグローバル企業なので、英語のメッセージ動画ですが、従業員を気遣い、やるべき優先順位を示し、そしてこの危機に打ち勝つことを、経営トップが自分の言葉で力強く発信しています。

　従業員向けのメッセージは、一般的には開示されませんが、両社とも従業員だけでなく、その先にいるお客さまや取引先、投資家にも届くことを願って公開しています。どちらも和訳があるので、ぜひ一度ご覧ください。

　次に両社の SDGs の取り組みについて述べます。

❶ネスレの宣言

　ネスレは、「共通価値の創造」と題して、「2030 年に向けた長期的な目標」を掲げています。「ネスレは存在意義によって動機付けられ、個人と家族、コミュニティ、地球という３つの影響分野にわたる長期的な目標に取り組んでいます。これらの目標は、国際連合の持続可能な開発目標（SDGs）に合致し、それを支援するものです」と明確に、パーパスに基づいて SDGs に取り組むことを宣言しています。

　ネスレの身近な取り組み事例の一つに、受験シーズンによく目にするチョコレート菓子の「キットカット」のパッケージを、2020 年からプラスチックから紙の素材に変更した、というものがあります（中身の個包装

はプラを使用）。

　数年後には大人になり、主要な消費者になっていく若年層やその親世代に、きちんとプラスチックごみを削減するという環境への取り組みを伝えています。

　またネスレは、気候変動対策にも積極的です。気候変動の影響はすでに明らかであるとし、世界規模でのすべての人々への影響懸念を表明しています。

　合わせてネスレは、「2050 年までに炭素排出量実質ゼロを達成するというコミットメントに沿って、環境フットプリントを削減するイノベーションを進めています」というムーンショットを掲げています。

　また「Garden Gourmet（ガーデングルメ）」という言葉で、「より良い環境フットプリントを持つ植物由来の製品をより多く発売することは、2050 年までに温室効果ガス排出量実質ゼロを達成するためのネスレの戦略の中核です」としています。

　その具体的な事例として、世界各国で植物由来の人工肉生産を始めています。今後我が国でも、食品包装での脱プラスチックや、食品メーカーによる植物肉開発の動きが拡大してくるでしょう。

❷トヨタの宣言

　トヨタも 2020 年 5 月の決算説明会で、トップ自ら「SDGs を強化する」と宣言しています。

　トップメッセージとして、「You の視点」を持つ人材（自分以外の誰かの幸せを願い、行動することができるトヨタパーソン）を育てることは、すなわち「SDGs に本気に取り組むこと」だとしています。

　また「モビリティカンパニーへの変革による提供価値の進化と、SDGsへの貢献拡大」として、各ゴールに紐づけた幅広い取り組みを実行しています。なかでも CASE をキーワードに 2050 年に向け、ゼロエミッション（CO_2 ゼロ）というあるべき姿としてのムーンショットを掲げているのは注目に値します。日本を代表する企業の一つであるトヨタが、SDGs への

取り組み強化を打ち出したことで、多くの企業の取り組みを期待できます。

　またトヨタは、「豊田綱領」を最上位概念に、ミッションを「わたしたちは幸せを量産する」、ビジョンを「可動性（モビリティ）を社会の可能性に変える」、バリューを「トヨタウェイ：ソフトとハードを融合し、パートナーとともにトヨタウェイという唯一無二の価値を生み出す」としています。「幸せ量産する会社」という言葉からも、トヨタのパーパスが伝わってきます。さらに 2021 年 2 月、静岡市裾野市で「ウーブン・シティ（Woven City）」と呼ばれる実証実験を開始し、18 番目のゴールとなる「HAPPINESS」を創るとしています。なお、woven は weave の過去分詞形、「織られた」の意味で、グループの祖業である自動織機が由来とも言われています。

■急激な危機と忍び寄る危機（SDGs ウェディングケーキモデルを改変）

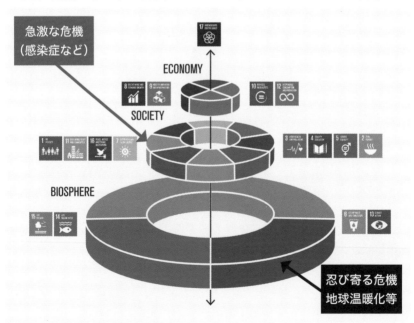

❸中小企業こそトップの強い意志を示す

このように両社とも目の前に突如現れたコロナ禍の「急激な危機」に加え、気候変動や温暖化、海洋プラスチック汚染などの「忍び寄る危機」にも着実な取り組みをしています。

業種は違いますが、世界的な大企業が SDGs に取り組むことを明確にし、それを経営トップが自ら発信していることは素晴らしいことです。

このような取り組みがお客さまや取引先、投資家から信頼を獲得し、社員のモチベーション向上やイノベーションを産み出す源泉となると確信しています。

中小企業においても、SDGs に取り組むならトップ自らの強い意志が大切です。SDGs のカラーホイールを記章しているだけでは持続可能な経営は実現することはできません。

今回のコロナ禍はその影響が長引く懸念があります。終息してもお客さまの心理やライフスタイルは、「before コロナ」の状態に戻ることはないでしょう。今回のパンデミックには、それだけのインパクトがあります。

一方、「after コロナ」を考える時、よりレジリエント（強靭）な経営が求められることは言うまでもありません。そのためにも、トップの強い意志表明や宣言は、とても重要なアクションになります。

2 社会起業家に見る
持続可能な中小企業経営のヒント

(1) 社会起業家の定義

SDGs をビジネスの文脈で見ていくと、「社会起業家（ソーシャルアントレプレナー）」や「社会的企業」という言葉に当たります。SDGs は、社会課題や地域課題を表していますので、それはある意味当然でしょう。

「SDGs を経営に活かすことは社会課題や地域課題を解決する商品やサービスを開発することですか？」と聞かれることがあります。

私は、「そのとおりです。それも SDGs の活用方法の一つです」と回答しています。SDGs の視点で開発された商品やサービスが「環境」「社会」「経済」の三側面に統合的に貢献し、企業が持続的に成長できるのであれば素晴らしいことです。

ただし、その開発は簡単にはいかないことも事実です。しかし、世界には「社会起業家」として事業を起こし、「社会的企業」として成長している企業もあります。社会起業家や社会的企業に SDGs 経営のヒントを見出すことは可能でしょう。

社会起業家とは、社会課題を解決することを目的として起業した人たちです。まさに「パーパス」を明確にして起業するということです。社会起業家と聞くとイメージするのが、NPO や NGO、社団法人・財団法人を運営する人々を思い浮かべるのではないでしょうか。

社会起業家の父と言われる米国の学者であるグレゴリー・ディーズ（Dees, J. Gregory）が定義する「社会起業家」や、内閣府が定義する「社会的企業」は以下のとおりです。

グレゴリー・ディーズの「5 つの社会起業家の定義」

- 個人的な価値だけでなく、社会的価値を創出し持続させるミッションを採択する。
- そのミッションに役立つ新しい機会を認識し、粘り強く追求する。
- 継続的な改革、調整、学習の一連のプロセスに自らが参加する。
- 現在、手持ちの資産に制約されることなく大胆に活動する。
- 支持者に対する（説明）責任への高い意識や創出した成果を公開する。

内閣府による「社会的企業の定義」

- 社会的目的を持った企業。株主、オーナーのために利益の最大化を追求するのではなく、コミュニティや活動に利益を再投資する。
- 深く根ざした社会的・環境的課題に革新的な方法で取り組む。
- 規模や形態はさまざまであるが、経済的成功と社会・環境課題に対して責任を持つ。
- 革新的な考えを持ち、公共サービスや政府の手法の改善を支援する。また政府のサービスが行き届かない場所でも活動する。
- 企業倫理、企業の社会的責任の水準を上げる。

　社会起業家は個人ですが、活動する形態は NPO、NGO、社団法人や財団法人だけでなく、営利組織（株式会社など）でもかまわないということです。言い換えれば、企業が社会課題解決のサービスを開発し「社会的企業」として会社を成長させる方法もあれば、社会活動家が社会課題の解決のために、事業を営利組織の形態で「社会的企業」を立ち上げてもよいのです。

　アプローチは違うものの、社会に貢献することで事業主体の成長戦略を描くという考え方は同じです。また、社会の仕組み自体を変えるようなインパクトを創ることができる起業家のことを、社会起業家も含め「チェン

ジメーカー」と呼ぶこともあります。

　もう少し「社会的企業」のあり方を掘り下げていきたいと思います。

(2) ソーシャルビジネス・コミュニティビジネス

　社会起業家が行う事業はソーシャルビジネスと言われます。経済産業省・ソーシャルビジネス研究会は、ソーシャルビジネス（以下、SB）を次のように定義しています。

　「社会的課題を解決するために、ビジネスの手法を用いて取り組むものであり、そのためには新しいビジネス手法を考案し、適用していくことが必要である。なお、組織形態としては、株式会社、NPO 法人、中間法人など、多様なスタイルが想定される」

　また具体的要件として、下記の 3 条件を満たす主体をソーシャルビジネスとして捉える、としています。

---

　①社会性
　現在、解決が求められる社会的課題に取り組むことを事業活動のミッションとすること。解決すべき社会的課題の内容により、活動範囲に地域性が生じる場合もあるが、地域性の有無はソーシャルビジネスの基準には含めない。
　②事業性
　①のミッションをビジネスの形に表し、継続的に事業活動を進めていくこと。
　③革新性
　新しい社会的商品・サービスや、それを提供するための仕組みを開発したり、活用したりすること。また、その活動が社会に広がることを通して、新しい社会的価値を創出すること。

　一方、コミュニティビジネス（以下、CB）については、SB が主な事

業対象地域を国内外問わないのに対し、CB は主な事業対象地域は国内としています。

　中小企業は、地域で生まれ地域で育ったと言えます。いくら社会が IT や AI などで変化しようとも、地域社会から切り離して存在することはできません。

　また、SDGs をはじめ人々の環境や社会課題に対する意識が高まるなか、企業が地域社会の課題解決に取り組んでいくことは、顧客満足度や社員のモチベーション向上につながっていくものです。

　企業が今後、どのようにソーシャルビジネスに取り組んでいくかは、きわめて本質的な成長戦略になります。SDGs を理解し、自社のミッションやパーパスを見直すことで「社会的企業」に変革していくことも、持続可能な経営に導く一つの道であると言えるでしょう。

（3）CSR と CSV

　企業が社会課題解決に取り組む方法は、「対価を得ないか」「対価を得るか」で大きく分けることができます。

　「対価を得ない」方法は、CSR（Corporate Social Responsibility：企業の社会的責任）活動の一環として、自治体、NPO・NGO などへの寄付や、ボランティア活動などがあります。目的も企業イメージの向上や、社会へのPR ポイントの一つとして捉えられ、主要な施策には位置付けられていないことが多いようです。

　「対価を得る」方法は、本業における CSR とも言われる CSV（Creating shared Value：共有価値の創造）活動がその代表的なものです。

　CSV は、2011 年に米国の著名な経済学者であるマイケル・E・ポーター氏らが提唱した、社会課題解決を本業に取り込み企業成長していこうとする新たな経営モデルです。

　換言すれば「CSV は、ソーシャルビジネスを企業の成長戦略の柱として考える」ものなので、まさに主要な施策と言えます。

中小企業が、SDGs経営に取り組もうとするならば、SDGsを理解したうえで、CSR活動から始め、CSVへ経営戦略を変えていく方法もあります。

　ただ中小企業経営者からは、「CSRとCSVの違いがわからない」「CSVとSDGs経営は何が違うのか」と聞かれることがあります。確かに少しわかりにくいですが、CSRとCSVは対価の有無や本業との関係性で区別ができます。

　CSRは、「対価を得ず本業とも関係のない領域まで社会貢献する活動」です。CSVは、「本業においてソーシャルビジネスを取り入れて成長戦略とする活動」です。そしてSDGs経営は、「CSVに加え、環境・社会・経済の3側面の統合性をしっかりと担保すること」であると言えます。

　例えば、新たに社会課題を解決する製品を開発し、収益が取れる場合はCSVになるとも言えますが、仮にその製造工程で従来の製品よりも多くのCO_2を排出し、長時間労働となるのであればSDGs経営とは言えません。

(4) 社員の意識改革やコーズ・リレーテッド・マーケティング

　社会起業家には、社会課題解決への強い想いがあります。そして起業時の社員は、社会起業家の想いに賛同して集まった人たちが多いと思われます。

　しかし、企業が成長するうえで、社員が増えれば違う考えの人も入社してきます。無論、採用時の見極めも大事ですが、入社後の研修や業務を通じて達成感や共感性を醸成することが大切です。

　一方、中小企業において、社長が「さあ、SDGs経営を始めよう」といっても、いくつかのハードルがあることも確かです。そのハードルの一つに、社員の意識改革があります。

　社員が数十人以上いる企業の場合は、全員のベクトルを合わせるのは簡単ではありません。SDGs研修をした際に、社員のほうから「社長、また新しいことを始めるのですか？」「今の仕事だけでも忙しいのにSDGsまではできません」などという声を聞くこともあります。社長がせっか

く SDGs に取り組もうと決めたにもかかわらず、社員が負荷だと感じてしまったら、その取り組み効果も半減します。

　そこで考えたいのは、社会起業家と同じように、業務を通じて社会や地域に貢献できる仕組みを作ることです。無論、その仕組みをつくるのは簡単ではありません。

　そこで取り組みのヒントとなる初めの一歩としてお勧めしたいのが、「コーズ・リレーテッド・マーケティング（Cause related marketing：CRM」です。

　CRM とは、自社の商品の購入や利用を通して、社会貢献活動につながることを顧客に訴求するマーケティング手法です。商品やサービスの売上によって得た利益の一部を NGO や NPO、自治体などに寄付し、その社会貢献活動と企業ブランドを結びつけることで訴求効果を狙うものです。

　内容によっては、その効果は顧客だけでなく、社員にも及ぶともいわれます。有名な事例は、アメリカン・エキスプレスが、1983 年から「自由の女神」の修復基金と結びつけたものがあります。我が国でも CRM として有名なのは、ボルヴィックの「1 L for 10 L」です。2008 年から始まった森永製菓の「1 チョコ for 1 スマイル」やアサヒビールの「アサヒスーパードライ 1 本 1 円寄付」などは、他社の CRM にも影響を与えました。

　CRM は、企業イメージの向上だけでなく、売上増加にも寄与するとされています。ただし、無理なこじつけは逆効果となり、SDGs ウォッシュと批判されかねないので留意すべきです。

（5）BOPビジネス

　社会課題は世の中に多く存在します。なかでも貧困は、発展途上国だけではなく先進国でも問題になっています。我が国でも、「ワーキングプア」「子ども食堂」などの言葉から貧困が身近にあることがわかります。

　まさに貧困は大きな社会問題の一つであり、SDGsにおいてもゴールの最初に挙げている目標です。

　しかし、貧困がビジネスになると考えている人たちもいます。

　関連するキーワードの一つにBOPがあります。BOPとは、所得階層ピラミッドの基礎部分にあたる低所得層（Base of Economic Pyramid）の頭文字を取ったものです。この低所得層は、世界中に40億人以上いるとされ、市場規模は5兆ドルとも言われています。

　BOP層は、将来的にはその多くが中間所得層に上昇することが期待されることから、「THE NEXT 4 BILLION」とも言われています。現状は、主に開発途上国のBOP層を対象として、多国籍企業がNGOや援助機関と提携し、現地のBOP層のニーズに対応した商品を開発・販売しています。

　世界のBOPビジネスで有名なものに「マイクロファイナンス」があり

■中間所得層の拡大予測

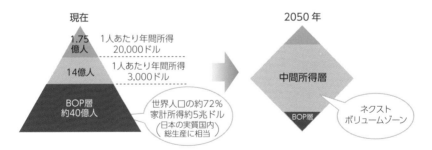

出所：「THE NEXT 4 BILLION(2007 World Resource Institute, International Finance Corporation)」（日本貿易振興機構ホームペー）より作成

ます。マイクロファイナンス（小規模金融）とは、貧しい人々に小口の融資や貯蓄などのサービスを提供し、彼らが零細事業の運営に役立て、自立し、貧困から脱出することを目指す金融サービスです。

マイクロファイナンスには大きく分けると以下の 3 つの機能があります。

- ●融資機能を主とする「マイクロクレジット」
- ●預金機能を主とする「マイクロセービング」
- ●保険機能を主とする「マイクロインシュアランス」

ムハマド・ユヌス氏は 1983 年、祖国バングラデシュで、貧困層に無担保で少額融資する「グラミン銀行」を設立しています。この取り組みの柱である「貧困層に起業や自立を促す仕組みであるマイクロファイナンス 」が大きな注目を集めました。

グラミン銀行は、「マイクロクレジット」にあたり、女性を中心とした貧しい人々を貧困から救うために契約書なしで、小口の融資をしています。

貧困層にお金を貸し付ける、という一般的な銀行にはできないチャレンジングな取り組みが評価され、グラミン銀行は 2006 年に、ノーベル平和賞を受賞しています。

■グラミン銀行の基本的な考え方

一般的な銀行	グラミン銀行
●男性に貸す ●大金を貸す ●契約書を交わす ●担保を取る ●利息収入を得ることが目的 ●元本と利息を回収することが仕事	●女性に貸す ●少額な資金を貸す ●契約書を交わさない ●担保を取らない ●貧しい人の自力支援が目的 ●お金を貸し、貧困層が自立できるようにすることが仕事

システミック・チェンジ
（目的を変える）

ユヌス氏の授賞式のスピーチでは、利益の最大化ではなく、社会課題の解決を目指すビジネスモデル「ソーシャルビジネス」を提唱しました。

　このことで世界に「ソーシャルビジネス」という概念、BOP というビジネスモデルが広がったと言われています。

　なおグラミン銀行は、2018 年に日本でも設立されています。中小企業であっても、海外に事業展開しているなどの場合は、BOP におけるビジネスモデルを検討すべきと思います。

　独立行政法人国際協力機構（JICA）は、発展途上国における課題解決型ビジネスを旧来は「BOP ビジネス」としていましたが、現在は「SDGsビジネス」と呼んでいます。

■ソーシャルビジネスの具体例─ケアプロ株式会社の挑戦

　我が国においても、社会的な弱者や貧困層に光を当てて成長している企業があります。その一つが、ケアプロ株式会社（以下、ケアプロ）です。過去 1 年以上健康診断を受けていない人たちを「健診弱者」と位置付けて、安くて早く手軽に健康診断が受けられる仕組み作りに挑戦しています。

　ケアプロによれば、「健診弱者」は全国に約 3,600 万人いるとのこと。確かに健康診断を受けることにより、早期に病気の発見ができ、病気予防のアドバイスも可能になります。生活習慣病にかかる費用は医療費全体の約 3 割であり、生活習慣病予防と医療費適正化は社会課題と言えます。「健診弱者」が減少すれば、結果として、社会全体の医療費総額の抑制効果も期待できます。

　このような社会課題をふまえケアプロは 2007 年に設立され、「自己採血」は医療行為ではないことに着目し、「ワンコイン健診（現セルフ健康チェック）」事業を展開しました。事業を始めた頃は、「自己採血による簡易検査の法的位置づけが不明瞭」であったことから、行政からの指導を受ける場合もあり困難を伴いました。

　ケアプロによれば、「利用者の多くは、健診を 1 年以上受けていな

い方です。例えば、子育て中で健診に行けなかった主婦、平日は仕事から抜けられず休日にしか時間が取れない自営業者、月給10万円未満で健診を受けるお金がないフリーター、保険証を持っていない外国人などです」とのこと。まさにSDGsの「誰一人取り残さない」という思いと合致します。

　また「健診結果は標準値と、要注意、要受診の3段階に分かれていて、利用者の約3割が〈要注意〉〈要受診〉と判定されている」ということで、「自覚症状がなく、こんなに悪いとは思わなかった」「やっぱり糖尿病だったか。すぐに病院に行きます」「早く気がついてよかった」といった声が聞かれ、病気の早期発見に貢献しています。

　そして、このような活動を経て、趣旨に賛同する人たちも増え、2014年に厚生労働省から「検体測定室ガイドライン」が出て自己採血に関する法的整備がなされました。

　ケアプロは、この規定にもとづく「検体測定室」の開設第1号となっています。2019年6月には受診者は50万人を突破。今ではこの「検体測定室」には、大手薬局による事業参入もあり、「健診弱者」へのサービス提供が強化されています。

　社会課題解決を目指すなかで、一つのビジネスモデルを創造した好例と言えます。

検体測定室　　　　　　　　　　　検査機器

3 副業での SDGs 視点

(1) プロボノ活動が増えている

　最近、終業後の時間や休日を使って、ボランティア活動に参加する人が増えてきています。社会貢献や地方創生などに関心のある人たちのなかで、自分の仕事のスキルを活かした「プロボノ」という活動を始める人もいます。

　プロボノとは、ラテン語で「公共善のために」を意味する「pro bono publico」の略です。各分野における専門家が、職業上持っている知識・スキルや経験を活かして、ボランティア活動の一つとして社会貢献活動を行うことを指します。もともと欧米では、法曹界の人々が無報酬で行う公益事業のことを指していました。

　我が国では、弁護士など法律家のほか、公認会計士、税理士、社会保険労務士や中小企業診断士、コンサルタント、金融・保険、システム・IT エンジニア、観光スペシャリストなど、多岐にわたる職業のビジネスパーソンが、プロボノ活動を行っています。

　例えば、地方の酒造メーカーの経営企画室長が休日に活動しているケースや、退社後などに地域の NPO が主導するプロジェクトに参加する人もいます。

　また近年では、プロボノ希望者を NPO などに仲介するマッチングサービスを提供するサイトも開設されています。今後も SDGs や ESG への関心が高まるにつれ、自分の力を社会に貢献したいと考える人たちは増えてくると思います。

(2) フリーになった副業・兼業

　一方、「働き方改革」のなかで、「副業」という言葉をよく聞くようになりました。政府は副業・兼業の推進に舵を切り、2018 年 1 月には、企業が就業規則を作るための指針となる「モデル就業規則」が改正されました。これまで「許可なく他の会社等の業務に従事しないこと」となっていた規定を「勤務時間外において、他の会社等の業務に従事することができる」ように変更しました。

　さらに、2020 年 9 月に厚生労働省は、「副業・兼業の促進に関するガイドライン（以下、ガイドライン）」を改定し、副業・兼業時の労働時間の管理や健康管理についてのルールが明確化しています。この改定に伴い、副業・兼業についての記述も改訂されています。

　ガイドラインによれば、「副業・兼業を希望する者は年々増加傾向で、理由は、収入を増やしたい、1 つの仕事だけでは生活できない、自分が活躍できる場を広げる、さまざまな分野の人とつながりができる、時間のゆとりがある、現在の仕事で必要な能力を活用・向上させる等さまざまである」としています。その形態も、「正社員、パート・アルバイト、会社役員、起業による自営業主等さまざまである」と述べています。

　副業・兼業は、労使双方にメリットがあると考えられます。

　確かに労働者にとっては、収入も増えるし、新しい知見や経験も得られるなどのメリットがあります。企業側も社員の人材育成の面で、社内では得られない知識・スキルを獲得するチャンスを与えられるし、社外からの新たな知識・情報や人脈を入れることで、事業機会の拡大につながる可能性があります。

　このような流れを受け、SDGs におけるディーセントワークを推進するうえでも、「副業」という考え方が重要になっているのです。

　副業を考える際には、企業側と労働者が SDGs を共通言語に対話をしていくことが望まれます。

■副業 SDGs ビジネスー STRAW BY STRAW のしなやかさ

　ここで、SDGs を共通言語として副業に取り組んだ実例を紹介します。スターバックス社員で、副業としてステンレス製マイストローの事業を起業した石塚綾子さんの手記です。

〈副業（起業）のきっかけ〉

　2018 年 7 月に米国のスターバックス本部は、2020 年までに世界中の店舗でプラスチックストローを廃止すると発表しました。このニュースは、日本でも大きな反響を呼びました。

　実際、私自身もこのことがきっかけで環境問題に関心を持つようになり、プラスチックごみについての勉強を始めています。会社は、ESG 投資や SDGs の視点からも先進的な決定をしたと思います。

　そんな状況のなか、私が勤務している店舗がスターバックスジャパンの本社があるビルであったこともあり、マスコミの取材を受けました。

　しかしながら、当時、日本においてはプラスチックストローの提供を直ちに止めた訳ではなく、今後の方針（廃止や代替品提供など）をお客さまにお伝えしている段階でした。

　当然ですが、取材に入ったテレビカメラは、社員がプラスチックストローをお客さまに提供するシーンやお客さまが使用する姿を映していました。その時に休憩時間に店舗にあるプラスチックストローを使用している社員の姿が目に飛び込んできました。確かに今後、お客さまへのプラスチックストローの提供を止めることを決めましたが、社員にプラスチックストローの使用を止めることまで考えていませんでした。

　私は店舗のマネージャーとして、プラスチックストローを提供しないことをお客さまにご理解していただくことに目を奪われていたことを率直に反省しました。そして「このままではいけない」「まず隗よ

り始めよ」という思いが私のなかで湧き上がってきました。

〈"STRAW BY STRAW" にかけた想い〉

　海洋プラスチック汚染やマイクロプラスチックなどを中心に環境課題について、私なりに勉強しました。プラスチックごみ問題は、私たちの消費活動や生活習慣にも一因がある複雑な課題です。政府や自治体、企業などに頼っているだけでは解決できません。

　知識を得るなかで、一人の人間として、地球環境に対して行動の責任を果たしたいという想いが強くなってきました。しかし、最初から何か大きなことができる訳ではないので、まずは個人として、プラスチックストローの代わりにマイストローを利用することから始めようと考えました。そして、どんなマイストローを持つのかを考え、材質を選ぶことから始め、紙、バンブー（竹）、木材、アルミなどを試し、使い勝手や熱伝導性、ファッション性も考え、ステンレス製ストローを使用することに決めました。

　マイストローを使用し始めたある日、私個人がプラスチックストロー削減に貢献できる本数は少ないと考え、同僚や友人にも勧めたいと考えるようになりました。また継続性を持って取り組むため、副業としてマイストローを販売することを決意し、上司に相談し承認を得ることができたのです。マイストローの取り組みを Step by Step（一歩ずつ）、Little by Little（少しずつ）の気持ちと一本ずつのストローを始めるという願いを込め、団体"STRAW BY STRAW"（ストロー バイ ストロー）がスタートしました。

ステンレス製マイストロー

〈過去への責任〉

海洋プラスチック汚染は、人々の生活でレジ袋やペットボトル、プラスチックストローが普及したおよそ過去 50 年ほどの短い期間で深刻な問題となりました。

確かに私も始めたマイストローの普及は、プラスチックごみの削減には少しながらでも貢献できます。でもそれは、これからの新しいごみの削減でしかありません。過去、人間が出したプラスチックごみへの責任は果たせていません。

ビーチクリーンへの参加など、私一人の力では限界があります。そこで、マイストローを販売して得られた利益から、プラスチックごみ削減に取り組む NPO 法人に寄付をすることにしました。環境問題や海洋プラスチック汚染を真剣に解決しようする人たちの一助となれば幸いです。私はこのような仕組みでプラスチックごみ削減に取り組む人たちを支援することで、過去への責任を果たすつもりです。

〈広がるマイストローの輪〉

スターバックスで働きながら始めた "STRAW BY STRAW" ですが、ちょうどその頃会社では "ロースタリー" のオープンを控え、私もオープンニング・スタッフの一人として忙しい日々を過ごしていました。本業をしっかりとやったうえでの副業ですし、金銭的にも積極的な宣伝広告などはできなかったこともあり、当初は同僚や友人から理解者を増やしていきました。

まさに団体名の "STRAW BY STRAW" のように、お一人ずつ丁寧に趣旨を話し、一本ずつ利用の輪を広げていきました。

その後は他の飲食店での同様な取り組み、SDGs の普及や海洋プラスチック汚染がマスコミで取り上げられることもあり、徐々に応援してくれる人たちが増えてきています。

今ではクラウドファンディングで応援してくれたセレクトショップや、ステンレス製ストローを置いてくれるカフェなどの皆さまから、

温かい支援をいただいています。

　また先日も、ラジオ番組に出演させていただくなど、マイストローに関心が高まっていることを感じています。

　こういった環境認識や応援してくれる人たちに押されて、今般、正社員から少し自由度の高い職種に転換させてもらい、マイストローの普及販売に力を注ぐ決心をしました。

　微力ですが、マイストローを持つことが、オシャレで素敵なことであると感じられる社会を目指して取り組んでいきたいと思います。

　私は、"STRAW BY STRAW"をあえて「店名」「屋号」と言いません。プラスチックごみを契機に地球環境を考え行動してくれる人たちや仲間が集う「団体名」「プロジェクト名」と考えています。

　私一人でできることには限りがあります。このプロジェクトを通じ、ネットワークを広げ、多くの仲間と地球環境に対して行動の責任を果たしたいと考えています。

　これからも応援のほどよろしくお願いいたします。

石塚綾子さん（右）

Chapter 6

ディーセントワークと
働き方改革の推進

1 Z世代の仕事観を理解する

(1) ミレニアル世代とZ世代

　年齢の定義については多少の差異があるものの「ミレニアル世代」とは、1981年〜1994年までに生まれた人々（2021年時点で27歳〜40歳）、「Z世代」とは1995年〜2010年に生まれた人々（2021年時点で11歳〜26歳）を指します。

　ミレニアル世代は「デジタルパイオニア」とも呼ばれ、インターネットやパソコン、携帯電話などのITやIT製品が普及している環境で育った世代です。そのため、インターネットで情報を調べることはもちろん、SNSなどでコミュニケーションをとることも活発に行います。

　その上の「団塊の世代」や「バブル世代」は、プライベートよりも仕事を重視する人が多かったのに対し、ミレニアル世代はインターネットで情報収集をすることが当たり前になっていて、ワークライフバランスを意識し、仕事よりもプライベートを重視する傾向にあります。

　Z世代は「デジタルネイティブ」とも呼ばれ、生まれた時から当たり前に携帯電話やIT製品があり、生活の一部としてデジタルに慣れ親しんでいる世代です。

　ミレニアル世代がブランドや共感を重視する一方、Z世代は質や個性を重視する傾向があります。

　Z世代は今や世界人口の3分の1、日本では人口の約15％を占めていて、すでに社会人年齢となったZ世代が今後増えていくことを考えると、彼らの価値観や行動を理解する必要があります。

(2) Z世代の価値観

　新型コロナ感染症の影響で、新しい生活様式、ニューノーマルという言葉を耳にする機会が増えました。企業は、より一層彼らの特徴をうまくつかみ、ニューノーマルの働き方に対応することが安定経営に役立ちます。

❶給与よりも環境や仕事の内容を重視する

　新型コロナウイルス感染症拡大の影響により、在宅勤務は急速に普及しましたが、1回目の緊急事態宣言解除後に在宅勤務の割合は減少し、2回目の緊急事態宣言下では1回目の宣言下と比較すると実施企業の割合は約10%減少しました。今後、在宅勤務制度が定着するのか注目を集めていますが、Z世代はその対応にも敏感です。

　次ページに掲載しているBIGLOBEの「ニューノーマルの働き方に関する調査」によると、20代の学生が働きたい会社は、1位から、「在宅勤務やリモートワークが可能な会社」、「休みを取りやすい会社」、「働く時間帯を自分でコントロールできる会社」と続き、その他、「ワーケーションなど柔軟な働き方ができる会社」が5位に入るなど、例年以上に「働く場所や時間に縛られることなく働きたい」という傾向が強くなっています。その一方、「給与の高い会社」は7位となり、お金よりも働く環境や仕事の内容を重視していることがわかります。

❷社会問題への意識が強い

　同じく、全国の20代の学生300人、20代〜30代の社会人600人に、これからの就職・転職を考える際、会社選びの条件としてSDGsへの取り組みを重要視するかどうか質問すると、「重要である」「やや重要である」を合計すると59.3%で、若い世代が仕事を通じた社会貢献に高い関心を持っていることがわかります。

　実際、SDGsやサスティナブルという言葉も頻繁に使われるようになっ

ています。例えば、京都国際映画祭で「SDGs-1グランプリ」が開催されるようになり、2020年10月で4回目を迎えました。人気芸人たちがSDGsの17の開発目標をネタに盛り込み、そのなかで誰が一番うまくメッセージを伝えることができたかを競います。

　2019年のグランプリはEXITで、彼らは受賞後、女性ファッション誌

■ 20代の学生が働きたいと思う会社（複数回答可）

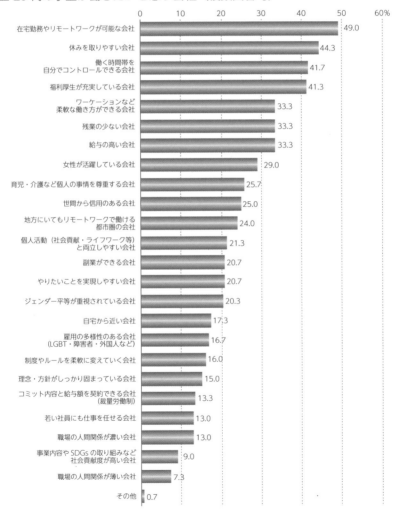

在宅勤務やリモートワークが可能な会社	49.0
休みを取りやすい会社	44.3
働く時間帯を自分でコントロールできる会社	41.7
福利厚生が充実している会社	41.3
ワーケーションなど柔軟な働き方ができる会社	33.3
残業の少ない会社	33.3
給与の高い会社	33.3
女性が活躍している会社	29.0
育児・介護など個人の事情を尊重する会社	25.7
世間から信用のある会社	25.0
地方にいてもリモートワークで働ける都市圏の会社	24.0
個人活動（社会貢献・ライフワーク等）と両立しやすい会社	21.3
副業ができる会社	20.7
やりたいことを実現しやすい会社	20.7
ジェンダー平等が重視されている会社	20.3
自宅から近い会社	17.3
雇用の多様性のある会社（LGBT・障害者・外国人など）	16.7
制度やルールを柔軟に変えていく会社	16.0
理念・方針がしっかり固まっている会社	15.0
コミット内容と給与額を契約できる会社（裁量労働制）	13.3
若い社員にも仕事を任せる会社	13.0
職場の人間関係が濃い会社	13.0
事業内容やSDGsの取り組みなど社会貢献度が高い会社	9.0
職場の人間関係が薄い会社	7.3
その他	0.7

出所：「ニューノーマルの働き方に関する調査」（BIGLOBE調べ）

『ViVi』のSDGs特集で大きく取り上げられ、「一日一善」のような感覚で、「一日一SDGs」を提案した「地球愛フェスカレンダー30days」を提案するなど、若い世代へメッセージを発信しました。2020年はミルクボーイや3時のヒロインなど計8組が出場し、グランプリは佐久間一行さんでした。

　ファッション誌でサステナビリティをテーマにした企画が目に見えて増えています。一冊丸ごとSDGs特集をした『FRaU』を始め、『VERY』『VOGUE』、さらには地域のフリーペーパー（横浜のシティリビング等）でもサスティナブルファッション、エシカルファッションを環境・経済・社会問題に配慮した良識にかなったファッションとして取り上げています。

　モデルのローラさん、女優の柴咲コウさん等が手がけるブランドは、サスティナブルな取り組みを行っており、若い世代へ社会問題について大きく問いかける影響力を持っています。TV番組でも、TBSが「SDGsウィーク」を設けるなど、日々当たり前のようにSDGs、サスティナブルという言葉が飛び交うようになりました。

　また、教育現場でもSDGs教育が進み、小学校からは文部科学省が『ESD（Education for Sustainable Development/ 持続可能な開発のための教育）推進の手引』を作成し、バックアップ体制が整えられています。

　大学においても、例えば東京大学は、未来社会協創推進本部登録プロジェクトとして、SDGsに基づき大学の多様な活動を可視化・発信していますし、金沢工業大学はSDGsに特化した学習カリキュラムを実施しているなど、SDGsに取り組むことが当たり前の風潮となっています。

　今後、社会貢献をしているかどうか、社会的責任を果たす企業かどうかということが、就職先企業を選ぶ重要な指針の1つとなるでしょう。

❸個性と多様性を尊重する（当たり前を押し付けない）

　SNSを通じた情報共有が日常であるZ世代は、さまざまな価値観があることを理解しており、自分らしさという個性を大事にする傾向があります。そのため、「若い時には苦労・努力すべき」「皆この道を通ってきたから、そうするべき」といった根拠のない価値観に共感できず、違和感を覚

えます。

　新人教育として研修や指導をすることは大事なことですが、誰かと比較するのではなく、一人ひとりと向き合い、どう感じているのか、なぜそのような行動や発言をするのか、個々に応じた教育やコミュニケーション、個性と多様性を尊重することが必要です。

　個性を求める一方、年齢、性別などに関しては、すべてにおいて平等であるべきと考えており、これらの処遇の違いや不平等に対しては敏感に反応します。「お茶出しは女性の仕事」と考えることは差別と捉え、会社や組織に正しさとオープンな環境を求める傾向があります。

❹成長を支援する環境を重視する

　「何のために働くのか」という目的意識を持ち、そのための専門性やキャリアアップを重視するＺ世代は、業務内容や作業自体の必要性に納得できれば、高いモチベーションを保ちます。そのために必要なことは次の二つです。

　一つは、企業のトップやメンターとなるべき上司や先輩が、彼らの尊敬に値する人物であること。もう一つは、業務を一方的に指示するのではなく、段取りや流れ、目的、すべきことの具体的説明を示し、結果をフィードバックすることが当たり前の環境です。

　Ｚ世代は、共感しにくいものには消極的な姿勢です。「あんな人になりたくない」と感じるとモチベーションが下がりますが、逆に価値観が合う、信頼できると認識すると、その人や企業に対する貢献意欲が高いくなることも特徴です。

　そのため、社内で彼らに影響を与える人は重要な役割を担います。自らの価値観に沿って行動を好む彼らには、業務の内容と期待する役割をしっかりと説明し、納得してもらうことが肝要です。さらに、SNSで自己表現をすることが当たり前、という環境のなかで育ってきているので、承認欲求が強いＺ世代には、細かくフィードバックすることで、承認されたという満足感を与えることがモチベーションを高める秘訣になります。

2 ディーセントワークに着目する

（1）ディーセントワークとは

　ディーセントワークは、「働きがいのある人間らしい仕事」と訳されます。この言葉は、1999 年の第 87 回 ILO 総会でファン・ソマビエ事務局長による報告で初めて用いられ、次のように報告されています。

　「ディーセントワークとは、権利が保障され、十分な収入を生み出し、適切な社会的保護が与えられる生産的な仕事を意味します。それはまた、すべての人が収入を得るのに十分な仕事があることです」

　つまり、「働きがいのある人間らしい仕事」とは、まず仕事があることが基本ですが、その仕事は、権利・社会保障・社会対話が確保されており、自由と平等が保障され、それにより働く人々の生活が安定する、すなわち、人間としての尊厳を保てる生産的な仕事のことを指すとされています。

　日本におけるディーセントワークの具体的な内容は、厚生労働省の「ディーセントワークと企業経営に関する調査研究事業報告書」で次のように規定されています。

- ●働く機会があり、持続可能な生計に足る収入が得られること
- ●労働三権などの働くうえでの権利が確保され、職場で発言がしやすく、それが認められること
- ●家庭生活と職業生活が両立でき、安全な職場環境や雇用保険、医療・年金制度などのセーフティネットが確保され、自己の鍛錬もできること
- ●公正な扱い、男女平等な扱いを受けること

---

(2) 働きがいを高めるには

そうは言っても、具体的に何を働きがい・やりがいと感じるのでしょうか。エン・ジャパンの「仕事のやりがいと楽しみ方調査」によると、「仕事にやりがいが必要だと思う」は96%を占め、さらにその仕事にやりがいが必要な理由として、「仕事そのものが充実する」「自分の成長感を得たい」「存在価値を感じる」が挙げられました。

また、「仕事においてやりがいを感じること」として挙げられたのは、「お礼や感謝の言葉をもらうこと」「仕事の成果を認められること」「自分の成長を感じること」でした。

これらの要素は、先のZ世代の価値観でも述べた内容とも共通します。本人が自主的に行動する過程において、成長する実感や、存在価値を見出してこそ働きがいを感じるという傾向が強いため、上司や企業は、「仕事だから」と一言で済ますのではなく、その仕事の目的や、従業員に期待する役割、そして達成するためのサポートに注力することが大事なのです。

(3) 働きがいを追求する会社のメリット

働きがいを追求するメリットは、何といっても会社の業績向上に寄与する優秀な人材の確保です。人口減少が進むなか、2030年には労働需要に対し、人手は644万人不足するという調査結果も出ています。

社員が働きがいを感じることができると、モチベーションが向上し、離職率や採用コストを抑えられることはもちろん、今まで育てた社員が「人財」という財産となり、人手不足が解消されます。また、SDGsのディーセントワークへの取り組みを社内外へ発信することで、企業イメージの向上にもつながります。採用活動で有利になることはもちろん、取引先にSDGs推進を求められている場合においても、自社をアピールすることができますし、同じようにSDGsを推進している企業とのつながりも増える

■仕事において、やりがいを感じること（複数回答可）

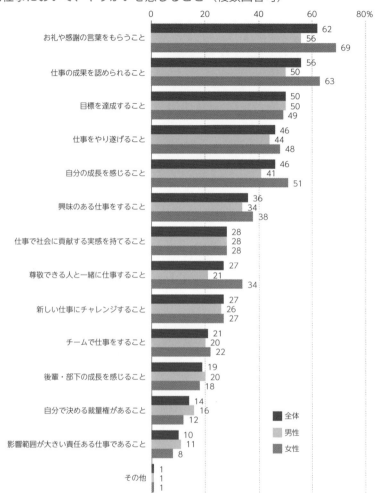

出所：「仕事のやりがいと楽しみ方調査」（エン・ジャパン調査）

可能性があります。

　このように、新しいビジネスチャンスと、働きがいを感じて自ら貢献しよう・成長しようとする優秀な人材確保が、従業員の働きがいを高めるメリットの一つでしょう。

3 働き方改革を通じた SDGs 実践手法

(1) 働き方改革とは

　前項で働きがいについて述べましたが、「働きがい」と「働きやすさ」は異なります。仕事をするうえで、働きがいを目的とすると、働きやすさ

■主な「働き方改革」関連法

	関連法	対象	2019年	2020年		2021年		2022年		2023年
			4月	4月	6月	1月	4月	1月	4月	4月
①	有給休暇5日取得義務化	全企業	○							
②	労働時間の把握強化	全企業	○							
③	時間外労働の上限規制	大企業	○							
		中小企業		○						
④	高度プロフェッショナル制度創設	全企業	○							
⑤	フレックスタイム制の改正	全企業	○							
⑥	医師による面接指導制度の拡充	全企業	○							
⑦	パワハラ防止法	大企業			○					
		中小企業							○	
⑧	育児・介護休業法の改正	全企業						○		
⑨	同一労働同一賃金への対応	大企業		○						
		中小企業					○			
⑩	月60h超の時間外割増50%以上猶予廃止	中小企業								○

○が施行年月

はその目的を達成するための手段です。

　働き方改革は、政府の重要政策の一つで、個々の事情に応じた多様で柔軟な働き方を選択できる社会の実現を目指していますが、これはつまり、働きやすさという労働環境整備の手段と考えることができます。19もの内容に分かれている「働き方改革実現のための対応策」のなかで、よく耳にする働き方改革関連法は左記のとおりです。

　すでに施行されているものもありますが、簡単に内容を説明します。

❶有給休暇5日取得義務化

　日本の有給休暇の取得率は他国と比較しても低い状態が続いており、政府は有給休暇の取得率を70％にする目標を掲げ、2019年4月1日より年10日以上の有給休暇が付与される従業員に対し、毎年5日間有給休暇を取得させることが義務化されました。正社員だけでなく、パート・アルバイト等の非正規労働者でも、年10日以上付与される場合は対象です。

　なお、本人の希望を聞き、会社が取得時季を指定する場合は、就業規則への記載が義務付けられている点に注意が必要です。

❷労働時間の把握強化

　2019年4月より、一般の従業員だけでなく、管理職の労働時間把握も義務化されました。労働日ごとの始業・終業時刻を確認し、適正に記録することが義務付けられ、使用者が自ら現認することにより確認する、またはタイムカード、ICカード、パソコンの使用時間の記録等、客観的な記録を基に確認し、記録する必要があります。

　なお、自己申告制は厳しい条件（十分な説明、実態調査の実施、労働時間の状況の補正、確認作業〈報告が適正か、適正な申告を阻害する要因がないか、記録が改ざんされていないか等〉のすべて）を満たさない限り禁止となりました。

CHECK!

**臨時的な特別の事情があって
労使が合意する場合でも、
以下を超えることはできません。**

✓ **年720時間** 以内

✓ **複数月平均80時間** 以内 休日労働を含む

（「2か月平均」「3か月平均」「4か月平均」「5か月平均」
「6か月平均」が全て1月当たり80時間以内）

✓ **月100時間** 未満 休日労働を含む

※上記に違反した場合には、罰則（6か月以下の懲役または30万円以下の罰金）が科されるおそれがあります。

月80時間は、1日当たり4時間程度の残業に
相当します。
また、原則である月45時間を超えることが
できるのは、年間6か月までです。

厚生労働省　働き方改革特設サイト
https://www.mhlw.go.jp/hatarakikata/overtime.html

❸時間外労働の上限規制

　大企業は 2019 年 4 月より、中小企業は 2020 年 4 月より、残業時間の
上限は、原則として月 45 時間・年 360 時間とし、臨時的な特別の事情が
なければ超えることができず、臨時的な特別の事情があって、労使が合意
する場合でも月平均 80 時間を超えないこととなりました。

　なお、建設事業、自動車運転の業務、医師、鹿児島県及び沖縄県におけ
る砂糖製造業は、2024 年 3 月 31 日までは全部または一部の取扱いが猶予
されています。

　また、時間外・休日労働を行うためには、事前に「36 協定」（時間外労
働・休日労働に関する協定届）を労使間で締結し、労働基準監督署に届け
出ることが義務付けられています。

❹高度プロフェッショナル制度創設

　高度プロフェッショナル制度とは、高度の専門知識や技術を有する従業
員を対象に、一定の年収要件（年収 1,075 万円以上）や合意等の要件を満
たした場合に、労働基準法に定める労働時間、休憩、休日、深夜割増賃金

等の規程の適用対象外とする制度です。労働時間ではなく、労働成果に対して報酬を支払う、諸外国で採用されているホワイトカラーエグゼンプションを参考に作られました。

❺フレックスタイム制の改正

　フレックスタイム制とは、従業員が日々の始業・終業時刻、労働時間を自ら決めることのできる制度です。2019年4月の改正により、清算期間が従来の1か月から3か月に延長されました。清算期間が1か月を超える場合、労働時間を調整する期間が長くなりましたが、清算期間全体の労働時間が、週平均40時間を超えないことに加え、1か月ごとの労働時間が週平均50時間を超えないことという条件を満たさなければならず、超えた時間は時間外労働となります。

❻医師による面接指導制度の拡充

　2019年4月より、長時間労働により疲労が蓄積し、健康障害発症の

■各労働時間制度に係る医師の面接指導の要件

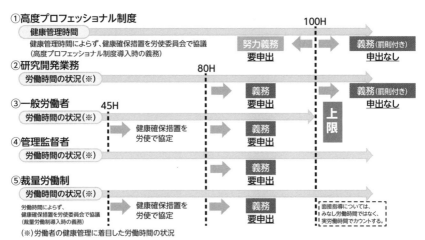

出所：厚生労働省「長時間労働者への医師による面接指導制度について」
　　　https://www.mhlw.go.jp/content/11303000/000553571.pdf

リスクが高まった従業員について、医師による問診等により心身の状況を把握し、必要な指導を行うとともに、措置を講じることが義務化されました。対象となる従業員は、月80時間超の時間外・休日労働を行い、疲労の蓄積が認められる者、研究開発業務従事者であれば、それに加えて、月100時間超の時間外・休日労働を行った者、高度プロフェッショナル制度適用者は1週間当たりの健康管理時間が40時間を超えた場合におけるその超えた時間について月100時間を超えて行った者となります。

❼パワハラ防止法

すでに職場におけるセクシュアルハラスメントや妊娠・出産等に関する言動によるマタニティハラスメントを防止するために、企業が講ずべき措置や国・企業・従業員の責務が明確化されていましたが、大企業は2020年6月から、中小企業は2022年4月から「パワーハラスメント防止措置」が義務化されます。パワハラ防止規定等を作成し、何がパワーハラスメントに該当するのか、その発生を予防するために大切なことを社内で共有し、社内研修や周知を徹底することが必要です。

❽育児・介護休業法の改正

育児休業制度とは、原則として1歳に満たない子（条件により最長2歳まで）を養育するための休業制度であり、介護休業制度とは、要介護状態にある対象家族を介護するための休業制度です。

2021年1月の改正により、育児や介護を行う従業員が休暇を柔軟に取得することができるよう、子の看護休暇制度及び介護休暇制度の取得単位が変更となりました。改正により、すべての従業員が対象となり、時間単位での取得が可能となりました。これらに対応するため、就業規則や育児・介護休業規程の見直しが必要です。

❾同一労働同一賃金への対応

同一労働同一賃金とは、同一企業内において、正社員と非正規社員との

均衡待遇規定 不合理な待遇差の禁止	均等待遇規定 差別的取扱いの禁止
①職務内容 ②職務内容・配置の変更の範囲 ③その他の事情 の違いに応じた範囲内で、待遇を決定する必要があります。	①職務内容 ②職務内容・配置の変更の範囲 が同じ場合、待遇について同じ取扱いをする必要があります。

出所：厚生労働省「働き方改革特設サイト」
　　　https://www.mhlw.go.jp/hatarakikata/same.html

間で、あらゆる待遇について、不合理な待遇差を設けることが禁止されました。同じ職場で同じような仕事をする正社員と非正規社員との間で不合理な待遇差を禁止（均衡待遇）し、差別的取り扱いを禁止（均等待遇）する内容です。

　2020年10月に同一労働同一賃金で注目されていた大阪医科薬科大学事件、メトロコマース事件、日本郵便事件の最高裁判決が立て続けに出されました。賞与、退職金、扶養手当、夏季冬季休暇手当等について最高裁の判断が示されたわけですが、一律に自社に当てはめるのではなく、その趣旨（目的）、待遇差が存在する理由を明確にし、職務内容、職務内容・配置の変更の範囲でそれらの差を説明できることが必要です。今後従業員からもその待遇差について説明を求められるケースも考えられるため、就業規則や賃金規程の見直し、正社員登用制度構築等の対応が求められます。

⑩月60時間超の時間外割増賃金50%以上の猶予廃止

　時間外割増賃金率は25%ですが、1か月60時間を超えた時間外労働については、50%以上にすることになっています。ただし、中小企業については60時間を超えた時間外労働に係る割増賃金率50%以上が猶予され、60時間を超えた時間外労働の割増賃金率は25%以上に据え置かれていました。

　その猶予措置が廃止され、2023年4月からすべての企業に適用されま

す。例えば、1か月70時間の時間外労働をさせた場合の割増賃金率は、60時間は25%、10時間は50%以上とすることになります。

(2) 働き方改革・労働環境の整備で SDGs に取り組む

働き方改革は、SDGs とも密接に関わってきます。前項でディーセントワークについて述べましたが、SDGs の目標8にディーセントワークという言葉が入っていることから、人に関することは目標8と対応していると考えている方も多いでしょう。しかし、働き方改革と対応する SDGs を一つひとつ照らし合わせると、8だけでなく、さまざまな目標と結びつくことがわかります。前項で述べた働き方改革を SDGs に照らし合わせると、下記のとおりとなります。

	働き方改革関連法	対応する SDGs
①	有給休暇5日取得義務化	3 すべての人に健康と福祉を
②	労働時間の把握強化	3 すべての人に健康と福祉を
③	時間外労働の上限規制	3 すべての人に健康と福祉を／8 働きがいも経済成長も
④	高度プロフェッショナル制度創設	8 働きがいも経済成長も
⑤	フレックスタイム制の改正	5 ジェンダー平等を実現しよう／8 働きがいも経済成長も
⑥	医師による面接指導制度の拡充	3 すべての人に健康と福祉を
⑦	パワハラ防止法	5 ジェンダー平等を実現しよう／10 人や国の不平等をなくそう／16 平和と公正をすべての人に

⑨	育児・介護休業法の改正	
⑩	同一労働同一賃金への対応	
⑪	月60h超の時間外割増50％以上 猶予廃止	

　また、上記の働き方改革に対応するだけでなく、人材に関すること、労働環境を整備することで、SDGsを実践できるさまざまな方法があります。例えば、下記のような整備です。

【3．すべての人に健康と福祉を】
- 法令で対象とされる従業員だけでなく、全ての従業員に対し、健康診断を受診させている
- 過重労働を防止するための具体的な措置を取っている
- リフレッシュ休暇等、特別休暇を付与している

【4．質の高い教育をみんなに】
- 研修の受講など、従業員の能力を向上させるための人的投資を行っている
- 組織として学校教育への協力をする等、社会貢献活動を行っている

【5．ジェンダー平等を実現しよう】
- セクシュアルハラスメント・パワーハラスメントなどの人権侵害を予防するための具体的な措置を取っている
- 従業員やその家族の妊娠・出産・育児・介護・看護等に配慮し

た労働環境を整備している
- 男性の育児休業取得を推進している
- フレックスタイム制度・短時間勤務制度・在宅勤務制度を導入し、それぞれの事情に合わせた多様な働き方を推進している
- 女性の活躍を推進し、役員や管理職へ積極的に登用している

【8. 働きがいも経済成長も】
- 若年者・高齢者・未経験者の積極的採用を行っている
- 定年制度を設けていない又は65歳以上（70歳以上）の従業員の就労が可能である
- 就業規則などの規定の整備及び見直しを行っている
- 従業員個々の役割と目標を明確にし、定期的にフィードバックを行っている

【10. 人や国の不平等をなくそう】
- 外国人・高齢者・障害者の積極的な雇用に取り組んでいる
- ハラスメントを防止するための取り組みを行っている
- 同一労働同一賃金に対応した制度・待遇を行っている

【11. 住み続けられるまちづくりを】
- 定期的に会社周辺の清掃を行っている
- 組織として地域社会への貢献活動に取り組んでいる
- 従業員が自発的な社会貢献活動に取り組む支援を行っている

【12. つくる責任　つかう責任】
- 会議の資料は、プロジェクターを利用する等、ペーパーレス化に取り組んでいる
- 使い捨て製品の使用や購入の抑制に取り組んでいる

【16．平和と公正をすべての人に】

●コンプライアンスを遵守している

●ハラスメントや雇用管理の改善等に関する事項に係る相談窓口
　を設置している

　上記はあくまでも一例ですが、すでに取り組んでいるものが SDGs の精
神に直結しているかもしれません。まだ労働環境の整備が不十分だと感じ
る場合は、上記を参考に、実態把握や就業規則等の規定整備から見直して
みてください。

4 SDGs で業績向上を目指す

(1) ディーセントワーク・チェックリスト

　SDGs を実践するうえで、働きがいと働きやすさのどちらも大事だと説明しましたが、それらをふまえチェックリストを作成しました。リスト内の「必ずしなければならないこと」は、つまり「働きやすさ」であり、働き方改革に関する部分です。「＋αで対応すること」は、「働きがい」につながる部分です。「働きやすさ」と「働きがい」の両面から取り組むことは、業務の効率化に直結する重要な対策であり、企業の業績に大きな影響を及ぼします。

■ディーセントワーク チェックリスト

必ずしなければならないこと	
☐	雇用保険・社会保険対象者は、対象となった日から適正に取得手続を行っている（試用期間含む）
☐	労働保険料・社会保険料の未納がない
☐	雇用契約書を入社時はもちろん、給与変更時にも締結している
☐	有給休暇を 5 日以上取得している（年間 10 日以上付与対象者）
☐	労働時間を適正に把握するため、タイムカード等の打刻＋実態と乖離していないか定期的に確認している
☐	時間外・休日・深夜労働は、割増賃金を適正に支払っている

☐	36協定の届出及び協定内容に従い適正に時間外・休日労働を行っている
☐	就業規則を届出・周知している（従業員10人未満も推奨）
☐	法定三帳簿（労働者名簿、賃金台帳、出勤簿）の作成・管理及び保存（原則3年間）している
☐	変形労働時間制を導入している場合は、労使協定の締結・届出を適正に行っている
☐	常時50人以上従業員がいる場合は、ストレスチェックを実施している
☐	長時間労働を行った従業員に対し、医師による面接指導制度の体制を整えている
☐	ハラスメントを防止するための措置を取っている
☐	育児・介護休業法の改正に対応している
☐	正社員と非正規社員の間で、不合理な待遇差を設けていない

＋αで対応すること	
☐	在宅勤務制度など、多様な働き方に対応している
☐	フレックスタイム制など、働く時間を自分で管理できる体制を整えている
☐	育児・介護等の事情を尊重する体制を整えている
☐	有給休暇の取得を推進している
☐	独自の特別休暇を設けている
☐	年齢・性別・国籍等に関わらず、ジェンダー平等が重視されている
☐	IT環境を充実させている
☐	残業時間を抑制する取り組みを行っている

☐	SDGs を含め、社会貢献に積極的に取り組む企業である
☐	多様な人材が活躍できるための取り組みを積極的に行っている
☐	先輩・上司がフォロー・フィードバックする環境がある
☐	成長を支援する制度がある
☐	従業員の意見を反映する機会を設けている
☐	制度導入後も柔軟にルールを変更し修正している
☐	成果や指標を具体化している
☐	部門の事情を考慮している

(2) 個々の生産性と企業の業績向上

　株式会社リクルートマネジメントソリューションズの「働き方改革に対する意識・実態調査」では、働き方改革という法改正対応にとどまらず、幅広いスキルを身に付けられるような採用・配置・能力開発の仕組みや、従業員の意見が反映される機会があることが重要であるとの結果が出ています。また、「一部の限られた人のための施策ではなく、多くの人にとって有益なものである」と感じていることが、「個人と組織の両方を生かす変化となった」という結果が出ています。個人と組織の両方を生かしている企業で、「売上や利益率が高まった」と回答した企業は４割を超え、さらに「新事業や新商品開発が進んだ」と回答した企業も約４割となりました。

　SDGs に対応したディーセントワークを推進することとは、単なる法改正に対応することではなく、多様な価値観・事情を持った個人が生かされるようになる制度・仕組みを作ることになります。それを自分のため・組織のためと感じられる改革をすること、つまり自律的な職務設計を促す仕組みと、働き方の柔軟化・多様化が、個々の生産性と事業成果の向上につながります。

Chapter 7

SDGs 経営を実践する

1 SDGs を理解し社内で共有する

（1）自社の経営理念やビジョンを SDGs の言葉で共有する

　SDGs 経営に本格的に取り組むなら、まず経営者自身が SDGs に取り組む理由と意義を理解することが前提になります。すでに述べてきたように、SDGs を推進することに納得できたなら、自社が掲げてきた経営理念やビジョンが SDGs の目的と一致することを確認し、それを SDGs の言葉で社員及び外部に発信することが求められます。

　そもそも経営理念は、自社が社会で果たすべき使命、会社の存在意義であり、経営ビジョンは、会社の将来あるべき姿を具体的に表したものです。これらは社員が社会の中で自社の使命を浸透させ、行動するための重要な拠りどころとなるものです。企業がビジネスを通して SDGs に貢献しようとする際には、経営理念やビジョンに則り、自社が社会のなかで果たす使命は何か、そして何を実現しようとするのか、という原点に立ち返り、貢献しうる SDGs のターゲットを見つけていくことになります。

　その結果、例えば今までは「我が社は○○で社会に貢献しています」と、もっぱら現在の視点で発信していたことに対し、これからは「我が社は○○で SDGs の目標 8 と 9 の達成に貢献しています」と、現在だけでなく未来に向けても発信することになります。

　そうすることにより、社員も SDGs が肚に落ち、社員の理解が深まることで、社外への発信力も高まることになります。また外部のステークホルダーも社会課題解決に取り組む姿勢を評価し、自社への理解も進むことになります。

■自社が SDGs を進める意義

経営理念・ミッション	自社を取り巻くステークホルダー※の社会課題・ニーズ	自社が社会課題解決やニーズに貢献できる取組・事業	SDGsゴール
経営ビジョン			

※ステークホルダー：顧問先、仕入先、株主、従業員、金融機関、自治体等

（2）SDGs 推進の活動体制をつくる

❶担当者を決定し、SDGs 推進プロジェクトを立ち上げる

　まずは経営者または役員1名と、社内及び社外での活動に柔軟に対応できるメンバーを選びます。特に経営者自身が参加することは、会社が本気でSDGsに取り組む意思を表すものであり、メンバーは社外との折衝や活動が生じてきますので、それに対応できる人を選ぶことになります。

　主担当はリーダーシップを発揮できる人がいいでしょう。理想的には、各部署から1名のメンバーが参加することが望ましいでしょう。各部署の社員が協力する体制をつくることができるからです。

　プロジェクト（PJ）チームは役割分担しながら取り組むことになりますが、社内向けの説明資料を作成し、社内での普及啓発に努めます。社内掲

示物の作成や動画配信、チャット等での情報発信、そして取り組み内容と目標及び期限の設定を行います。もちろん、SDGs に関する社外の有益な情報収集や外部研修への参加などにより、質と精度の向上を図ります。外部の SDGs 団体や内閣府、県・市の自治体と連携することも大切なことです。

❷キックオフミーティングを実施する

PJ を立ち上げただけでは、SDGs が社内の一部の人のみの活動に終わってしまいます。そこで、全社員に SDGs に取り組むことを周知する場を持つことが必要になります。キックオフミーティングは、経営者が SDGs に取り組むという意思表示をはっきりと示す場となります。そして取り組む理由を説明し、全社員の協力が必要であることを伝えます。

また、推進 PJ のメンバーを紹介します。特に SDGs に取り組むことに

■ SDGs キックオフミーティング

キックオフ日時		ミーティング内容	
場所			
タイムテーブル	発表者		
司会者			
参加者			
準備物		経営者	・SDGs 取組開始の意思表明 ・SDGs 取組理由・目的
		チームリーダー	・全社員の協力 ・チーム紹介 ・行動計画

より、わが社がどう変わっていくかを説明できるかがポイントになります。また SDGs に関する簡単な概要説明や研修もよいでしょう。

（3）社員への浸透を図る

　経営者自身が、いくら SDGs を推進すると声を張り上げトップダウンしても、それだけでは社員はなかなか動きません。日頃の事業活動で忙しいのに、また新しいことをするのかと冷ややかに見られがちです。まずは、社員の理解と納得を深めることが必要となります。

　そのためには、自社が SDGs を進め実装することにより、どのような効果があるのか、自社が SDGs に取り組まないとどう出遅れるのか、または淘汰されるのか、業界ではどこが進んでいるのか、今がチャンスとなるなど、実益に絡めて説明できることがポイントとなります。

　実際に社内浸透を図るためには、次のようなことが挙げられます。自社に適した浸透策を実施するようにしましょう。

- 外部講師を招いての研修会を実施する
- SDGs 研修や SDGs 検定といった e ラーニングの受講を推進する
- 経営者自身が折に触れ SDGs を推進することの必要性を説明する機会を持つ
- 社内報やチャットなどの共有ツールで情報を提供する
- 社員から「仕事を通じた SDGs の貢献」などのテーマや意見を募る
- 部門長に具体的な SDGs ビジネスを練ってもらう
- 将来を担う人材に、SDGs 事業ビジネスを考えてもらう
- 部門長に SDGs 目標の責任を持たせる
- 社内コンテストや表彰制度、報奨制度を設ける
- 昇進・昇格に盛り込む

2 自社の活動を SDGs と紐づける

（1）取り組み活動と SDGs の紐づけを理解する

　SDGs に貢献しようとしても、SDGs の概念が大きく幅広く、実際何から手を付けてよいかわからない、という声をよく耳にします。そのためには、まず SDGs の目標達成に貢献する活動にはどういうものがあるか知っておく必要があります。

　そこで、SDGs を環境、資源、社会そして経済に大きく分類し、各々を分野別に分解し、そのなかでの取り組み内容と取り組みの対象となるキーワードを整理したものが次の図表です。

　ここでは、環境配慮や地域社会などとの関係にかかる内容を基に、各取り組み活動が SDGs のどの目標に貢献するのかを整理し、各目標との紐づけをしていますので、具体的に取り組むためのイメージが湧いてくると思います。この表を基に、まず自社が実行できる取り組みをリストアップしてみましょう。

■ SDGs との紐づけ早見表

分類	分野	取組内容	取組対象となるキーワード	自社の取組	SDGs 目標
環境	大気	□温室効果ガス排出量削減	CO₂ フロン カーボン・オフセット モーダルシフト エコドライブ		
		□大気汚染物質排出量削減	ばい焼（Nox、Sox）VOC モーダルシフト、エコドライブ		
	水	□使用料削減	水道使用量 節水 循環利用 中水利用 雨水利用		
		□排水管理	下水道排水 排水処理 水質汚濁防止		
	生物多様性	□調達	原材料調達 認証制度（FSC、MSC、ASC、CoC）		
		□事業所・社有地での生物多様性	緑化 植林 ビオトープ 社有林の保全・活用		
		□環境教育	社員教育 教材 教育支援 啓発		
資源	資源	□使用料削減	節約 コピー用紙 電子媒体利用 工程転換		
		□利活用	再生利用 バイオマス 未利用資源（間伐材など）		
	廃棄物	□発生量削減	一般廃棄物 産業廃棄物 長寿命製品		
		□3R（リデュース・リユース・リサイクル）	リターナブル容器 修理 再利用		
	エネルギー	□使用量削減	省エネ 節電		
		□エネルギー転換	燃料電池 天然ガス 再生可能エネルギー		
社会	雇用	□条件	高齢者雇用 障害者雇用 人権 出産 育児 介護		
		□環境	ワーク・ライフ・バランス 研修制度 福利厚生 働き方改革		
	社会・地域	□貢献	地産地消 防犯 防災 寄付 環境教育 途上国支援		
		□配慮	景観 騒音 振動 悪臭 緑化		
経済	製品・サービス	□原材料	再生原材料、認証原材料 グリーン購入		
			オーガニック フェアトレード		
		□開発	低燃費 長寿命化 節電 環境ラベル 環境配慮設計		
		□製造工程	製品アセスメント 省エネ 環境負荷低減		
		□流通	CO₂ 削減 簡易包装		

出所：「SDGs 活用ガイド」（環境省）より一部改変

(2) バリューチェーンで取り組む活動をマッピングする

　次に行うことは、自社の活動を棚卸して、そのなかで自社が生み出している社会、環境及び経済へ与える、あるいは産み出すバリューを、一連の流れとして認識するバリューチェーンマッピングをすることです。

　企業活動の一連の流れとして、企画・設計から資材の調達・物流、生産・製造、輸送といった出荷物流、販売そして最終段階の消費・使用・廃棄が挙げられます。バリューチェーンの各段階において取り組むべきチェックポイントを整理したものが、次の図表です。横断的なポイントも網羅しています。基本的な内容になるので、これを基に前項で述べた「SDGs 紐づけ早見表」のキーワードを参考にして、自社としての取り組み内容をリストアップしていきましょう。その際、自社の特徴や他社との違いを明らかにするためにも、ホームページや会社案内、社会貢献活動、ISO などの外

■バリューチェーンにおける SDGs のマッピングと主要チェックポイント

出所：『SDGs 活用ガイド』（環境省）より一部改変

部認証や表彰など、すでに取り組んできたことを考慮していくことが大切です。

（3）正の影響を与えるものか、負の影響を減じるものかの視点を持つ

SDGs 経営を進めるということは、「社会や環境、経済の課題に対して、その課題解決に貢献すること」と言い換えられます。その際、ビジネスとして課題解決を図るには、事業活動を通して SDGs の目標に「正の影響を与えるものか」、あるいは「負の影響を減じるものか」が考えておくべき視点となります。

前ページの「バリューチェーンにおける SDGs のマッチングと主要チェックポイント」を自社に当てはめて考えてみましょう。例えば、自社の生産工程において、エネルギーや水の使用量と排出量の削減に取り組むことは、環境に与える影響を減らし、資源のムダをなくすことにつながりますから、目標7「エネルギーをみんなにそしてクリーンに」及び目標12「つくる責任つかう責任」に貢献し、負の影響を減じる取り組みということになります。

一方、消費者の健康に配慮した製品の開発は、目標3「すべての人に健康と福祉を」に貢献し、正の影響を与える取り組みということになります。物販においても、例えば鮮魚販売を今までの対面から、鮮度を維持するパッケージで長期間販売できるネット通販に変換できたら、目標8「働きがいも経済成長も」目標9「産業と技術革新の基盤をつくろう」目標14「海の豊かさを守ろう」に貢献し、これも正の影響を与える取り組みになるでしょう。

一概に決めつけるわけにはいきませんが、負の影響を減じる取り組みはリスクを軽減するものとして、正の影響を与える取り組みは、新しい価値を創造するものとして、ビジネスの発展につながることが多いと考えられます。自社の企業活動をバリューチェーンとして捉えた場合のチェックポイントに、この正と負の影響を考慮しておきましょう。

3 何に取り組むかを決定し、目標を立てる

(1) 取り組むビジョンや目的をより明確にする

　自社のバリューチェーンを見た場合、SDGs に取り組もうとしても、事業活動が広範囲にわたっていると、何から手を付ければよいか戸惑うことになりがちです。事業を通じて社会に貢献し、SDGs を新たなビジネスチャンスとして事業や市場を創り出そうとする企業が SDGs 経営を進めるためには、基本方針としての取り組みのビジョンや目的を明確にしておく必要があります。

　消費財メーカーであるユニリーバ（本拠ロンドン）は、「ビジネス規模を 2 倍にしつつ、健康・衛生に貢献して環境負荷を半減する」という野心的な成長ビジョンを掲げ、商品提供を通して実際に環境負荷削減を実現しつつ収益も上げ、成長を遂げています。

　コーラというと健康にあまりよくないというイメージがありますが、コカ・コーラ社は「廃棄物のない世界」というビジョンを掲げ、ペットボトルや空き缶を 100％回収しリサイクルする「廃棄物ゼロ・イニシアティブ」を宣言し、100％植物性由来のペットボトルも開発しました。また低カロリーもしくはゼロカロリーの商品を開発し販売することにより、人々の健康増進を図ることも目指しています。

　今一度自社の経営資源を鑑み、社会に貢献できるものは何か、どういう課題を解決しようとするのかをビジョンとして野心的に大きく掲げ、ビジネスとしてどんな素晴らしい結果を目指すのかを明確にしておくことがとても重要なことになります。さらに自社の SDGs への取り組みを明確にし

て、ホームページやポスターなどに「SDGs 宣言書」を掲示してみてください。社内での意思統一及び社外に発信して内外に明らかにするものです。

■ SDGs 宣言書ポスター（例）

(2) 取り組むべき戦略をリストアップする

　自社が SDGs 経営を推進するためにビジョンを掲げ、目的を明らかにしたら、次はそれを達成するためにとるべき戦略は何かを決めなければなりません。

　そのキーワードとなるのは、「課題解決」と「価値創造」です。自社の製品・商品やサービスが顧客や社会に受け入れられるためには、顧客や社会が直面している課題に解決するもの、あるいは現状より一層発展するためのものを提供することです。そして課題解決のために、自社が提供できる価値創造は何かを検討することが企業として存続していくために必須のこととなります。

　そこで、自社にとっての経営面での重要性と、顧客や社会から見た重要性をマトリクスで考えてみましょう。この場合、「SWOT 分析」の手法を応用することが役に立ちます。自社の「強み」「弱み」は何かを挙げていきます。

　中小企業の経営資源は限られているのですから、何にでも取り掛かればいいというものではありません。次に、社会・環境・経済への世間の関心度の高いものは何か、低いものは何かに分けてみます。具体化しづらければ、自社を取り巻くステークホルダーの課題は何かを考えてみましょう。ステークホルダーとは、顧客だけでなく、納入業者、競合他社、株主、金融機関、さらに地域住民や地方自治体なども含まれます。すべてのステークホルダーを取り上げる必要はありませんが、自社にとって重要なステークホルダーの課題や悩み、関心度の高いものは何か、という視点で捉えるとよいでしょう。

（3）SWOT 分析で取り組むべき戦略を区分する

　横軸は自社における「強み」「弱み」、縦軸は社会やステークホルダーにとっての関心度や重要度を「高い」「低い」とし、これを 4 象限で整理します。

　社会課題の関心度が高く、自社の強みが生かされる象限が、「成長戦略ゾーン」となります。自社の強みを生かして今社会が求めているものに積極的に取り組んでいくことが、他社との競合で優位に立つことができるものです。

　社会課題の関心度は高いが、自社の経営資源が乏しく、積極的には打って出ていくことはできない象限は、自社の弱みを克服して事業機会やチャンスの波に乗るにはどうすべきかを考える「改善戦略ゾーン」となります。

　自社の強みは活かせるが、社会課題の関心度が低い象限は、徹底して差

■自社が社会課題解決を目指す事業領域はどこか

			自社の経営資源	
			強み	弱み
社会課題の関心度・ステークホルダーの課題優先度	高い		成長戦略	改善戦略
	低い		市場浸透戦略	縮小・撤退戦略

別化して他社に圧倒的な差をつける「市場浸透戦略ゾーン」となります。これは、逆に社会課題の関心度を高めるニーズを産み出していく戦略に置き換えることができる可能性があります。

　社会課題の関心度が低く、自社の弱みとなっている象限は、「縮小・撤退ゾーン」と位置付けられます。

（4）優先課題を検討する

　SWOT分析で、自社が取り組むべき戦略がリストアップされたことになります。しかし、すべて同じように進めるわけにはいきません。このなかで、自社が取り組む優先課題を見つける必要があります。

　まず、「成長戦略ゾーン」で挙げられた戦略を優先することになります。今後市場が求め、需要が見込まれる分野ですので、自社の強みが生かされるなら、大きく成長が見込まれるからです。

　次に考えることは、「縮小・撤退戦略ゾーン」です。この分野に戦力を費やすべきではありません。このまま事業を続けると売上低迷から収益の低下、さらには赤字の増大になりかねませんので、固定費削減、事業規模の縮小、あるいはリストラ、さらには撤退など喫緊の対応が求められます。

　その次が、「改善戦略ゾーン」です。市場や需要が見込まれるのに、自社の弱みがネックになって打って出ることができません。じっとして手を打たないのではなく中期的に、できれば3年ぐらいかけて自社の弱みを解消していくことが必要となります。外部とのパートナーシップで自社の弱みをカバーすることも考えられます。

　最後に「市場浸透戦略ゾーン」です。市場や需要が大きく伸びるのではなく、今後縮小していくゾーンと見込まれるのですが、自社の強みをどう生かすかが課題になります。自社の強みをさらに磨き性能を高めるとか、新たな付加価値をつけるなどの圧倒的な差別化を図り、シェアを伸ばすことも戦略です。ただ長期的に考えると、自社が斜陽企業になる可能性も孕んでいます。この戦略は慎重な判断が求められます。

　以上から見ると、まずは「成長戦略」を中心として進むべき方向を示し、中期的に「改善戦略」を取り入れていくことがベースとなります。

（5）優先課題を見極める

　ここで優先課題を選定するための一つの方法を掲げておきます。下記の表を見てください。「関心の高いニーズ」を抽出し、そのための「ニーズに応える事業」を戦略として掲げます。その事業を遂行することで、新たに「応えることで得られること」を具体化し、これを「①価値の大きさ」として1〜5で数値化します。

　一方、この事業に「応えないことで生じる問題」を具体化し、「②問題の大きさ」として、これも1〜5で数値化します。さらに、この事業の「事業遂行における負担、コスト」を具体化し、「③事業コストの大きさ」と

■優先課題の選定

関心の高いニーズ	ニーズに応える事業	応えることで得られること	①価値の大きさ	応えないことで生じる問題	②問題の大きさ	事業遂行における負担、コスト	③事業コストの大きさ	総合価値 ①+②-③	選定 ○×△

出所：「SDGs 実装ゼミナール」（横浜市立大学　影山摩子弥教授）より

して1～5で数値化します。

その結果を「総合価値：①＋②－③」として数値で評価します。この総合価値を基にこの事業を戦略として取り上げるかどうかを○△×で判断するものです。数値がとても大きいものなら、優先課題となるわけです。逆にゼロに近い、あるいはマイナスになるものは、優先課題になるものではないことになります。優先課題を見極めるための判断の一手法として参考にしてください。

(6) 目標を立てる

SDGs は、2030 年にあるべき姿を示しているものです。自社においても、何から優先的に取り組むかを設定したわけですから、2030 年に達成すべき目標を立てることが出発点になります。

控えめな目標より意欲的な目標のほうが、大きな影響や達成度が期待できるものです。自社の現状から短期、中期、長期の目標を立てるという現在の延長線上での目標設定ではなく、「2030 年に達成したいあるべき姿」としての目標から現在までをバックキャスティング思考で遡っていく、未来志向の考え方がよいでしょう。

目標設定にあたっては、自社の目標だけでなく、社会やステークホルダーが求める目標と関連づけることです。地域密着企業として貢献できることにもなります。

横浜に本社のあるリフォームや太陽光発電の施工会社、株式会社太陽住建について見てみましょう。

同社は「リフォーム事業におけるゴールとターゲット」で、「空き家を活用したコミュニケーションスペースの数を 2019 年 4 か所から、2030 年には 56 か所に」と目標設定しています。地域で増加している空き家を事業者へのオフィスや地域コミュニティスペースとして提供するなど、持続的に空き家を活用する環境づくりを実施しています。

そして関連する SDGs のターゲットを、次のように紐づけています。

■ SDGs バックキャスティング

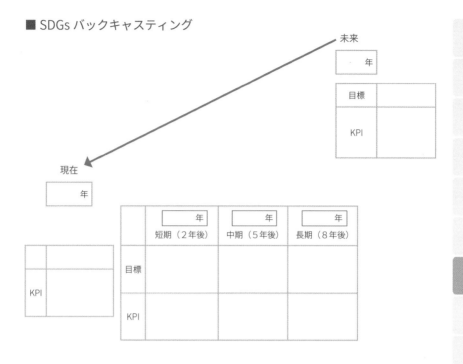

目標 8.3：生産活動や適切な雇用創出、起業、創造性、及びイノベーショ
　　　　　ンを支援する開発重視型の政策を促進する

目標 11.3：すべての国々の参加型、包括的かつ持続可能な人間居住計画
　　　　　　管理の能力を強化する

目標 11.7：人々に安全で包括的かつ利用が容易な緑地や公共スペースへ
　　　　　　の普及的アクセスを提供する

目標 12.8：人々があらゆる場所において、持続可能な開発及び自然と調
　　　　　　和したライフスタイルに関する情報と意識を持つようにする

目標 17.16：持続可能な開発のためのグローバル・パートナーシップを
　　　　　　　強化する

　同社は、2030 年の自社のあるべき姿を売上等の数字ではなく、社会に
与える社会的インパクトを示す数字で、定量的に表現しています。そして
SDGs のゴール目標を「169 のターゲット」まで関連付けているところに

大きな特徴があります。SDGsのゴールだけで考えると、抽象的にならざるを得ませんが、「169のターゲット」まで深掘りすると、より理解が進むはずです。

　また、目標と同時にKPI（Key Performance Indicator）、つまり重要業績指標を併せて設定することも大切なことです。目標を達成するには、達成を図る物差しとして数値化したKPIをチェックすることにより、達成状況が明らかになるからです。KPIの具体例については、後述します。

（7）SDGs目標達成へのシナリオロジックを描く

　SDGs目標を立て、その目標を達成するためには、対象となる事業の活動をどのように行い、その活動によって自社にどのような成果が見込まれるのか、その結果、社会活動の解決にどのようにつながっていくのかの道筋を示していかなければなりません。いわば2030年の最終目標を見据えてシナリオを描くのです。

　このシナリオを描くための道筋を整理したものが、「SDGs達成へのシナリオロジック」です。前述の株式会社太陽住建のHPの「空き家活用事業」を整理してみましょう。

　まず「現状」で、現在の空き家をめぐる状況を記入します。次に自社でどのような活動をしていくのかを「インプット」に記入します。その結果直接得られる、あるいは獲得されると見込まれる一時的成果が「直接アウトプット」です。「直接アウトプット」を続けた結果、得られると見込まれる二次的成果が「中間アウトプット」です。さらに「中間アウトプット」を続けた結果が「最終アウトプット」となります。

　なお、「アウトプット」がインプットすれば自動的に出てくるものを意味するのに対し、「アウトカム」はインプットして自分で主体的に活動しないと出てこない成果を意味します。自社の活動を続けることにより生み出された各々のアウトプットから社会課題の解決に結びつくものが「社会的アウトカム」です。

　直接アウトカム、中間アウトカム、最終アウトカムから社会課題の解決に結びつくと見込まれる社会的アウトカムを、各々記入していくことで、SDGs 達成へのシナリオロジックが明確になるはずです。このシナリオロジックは、SDGs 活動を行ううえにおいて、自社の社員が価値を共感するストーリーにもなるものです。

　一方で「最終アウトプット」から遡って「現状」に至るまで、バックキャスティングで遡ってロジックが成り立っているか、さらに「最終社会的アウトカム」から遡って「直接社会的アウトカム」に至るまでもロジックが成り立っているかも見ておきましょう。つまり、これから行う「インプット（活動）」が、来たるべき将来の「最終アウトプット」や「最終社会的アウトカム」に結びつくための大切な出発点になるのです。

■ SDGs 目標達成へのシナリオロジック

現状	インプット（活動）	直接アウトプット	中間アウトプット	最終アウトプット
・相続などを契機に空き家が増えている ・空き家が増えることで治安・環境・景観が悪化している	・空き家の維持・修繕の提案 ・空き家の売買の仲介 ・空き家オーナーと利用したい事業者との仲介 ・空き家を利用したい事業者への空き家活用提案 ・地域で活動のあるNPO等の団体と提携 ・空き家活用のための太陽光発電設置提案	・空き家賃貸管理事業 ・空き家修繕事業 ・空き家売買活用仲介事業 ・太陽光発電や耐震シェルター設置工事事業	・社会福祉法人等（避難所へ太陽光発電設置） ・自治体とのパートナーシップ提携	・空き家活用ビジネスモデルのFC展開

SDGs 波及効果

	直接社会的アウトカム	中間社会的アウトカム	最終社会的アウトカム
	・空き家を地域のコミュニティスペースに活用（集会、カルチャー等）	・災害時に空き家を一時避難所に活用	・地域から全国へ空き家発生を抑える ・地域の環境保全を良化する

4 SDGs 経営計画を作成し、活動を開始する

(1) SDGs 経営計画書を作成し、KPI を設定する

　ここまで、自社が SDGs を推進するために何に取り組むか、その取り組みが「正の影響を与える」のか、あるいは「負の影響を減じる」ものかの視点で考えてきました。そのなかから、自社にとっても社会にとっても重要であるかどうかを区分し、優先課題を決めました。そしてその優先課題に取り組んで SDGs 達成貢献へのシナリオロジックを組み立てました。

　次にやるべきことは、これを絵に描いた餅にしないよう、具体的な計画を立てることです。つまり 2030 年を達成年度とした経営計画を策定することになります。これは従来のような経営方針・経営目標・数値計画といった一律的経営計画書でなく、SDGs 経営計画書にしなければなりません。

　自社として持続可能な社会的・環境的・経済的な SDGs 達成目標として、具体的かつ計測可能な期限を定めた KPI（重要業績指標）を設定することが、大切なことになります。この KPI は定性的なものではなく、できるだけ定量的な指標とするほうが、達成の進捗度合いが明確でわかりやすいものとなります。活動の影響または結果に直接対応する指標であることが求められます。

　先述した株式会社太陽住建のケースを取り上げてみましょう。同社はリフォームと太陽光発電の二つの事業で各々 KPI を設定しています。

■太陽住建：2030 年に向けた目標とターゲット

空き家事業のゴールとターゲット

空き家を活用したコミュニティスペースの数 (カ所)

2019　4　→　2020　8　→　2030　56

（うち横浜市内4カ所）　（うち横浜市内36カ所）

［関連するSDGsのターゲット例］

 ターゲット 8.3
生産活動や適切な雇用創出、起業、創造性、およびイノベーションを支援する開発重視型の政策を促進する。

ターゲット 12.8
人々があらゆる場所において、持続可能な開発及び自然と調和したライフスタイルに関する情報と意識を持つようにする。

 ターゲット 11.3
全ての国々の参加型、包括的かつ持続可能な人間居住計画管理の能力を強化する。

ターゲット 17.16
持続可能な開発のためのグローバル・パートナーシップを強化する。

 ターゲット 11.7
人々に安全で包括的かつ利用が容易な緑地や公共スペースへの普及的アクセスを提供する。

太陽光発電事業のゴールとターゲット

2019　2020　2030

太陽光発電設備を設置した福祉避難所数 (カ所)

3　→　8　→　432

設置した太陽光発電量 (kW)*

196.7　→　414.03　→　19,440

太陽光発電設備を設置することによるCO_2削減量(t)

108.2　→　229.71　→　10,692

障がい者の就労支援実績 (人)

19　→　8　→　1,296

就労支援後、就職につながった人数 (累積・人)

5　→　5　→　324

［関連するSDGsのターゲット例］

 ターゲット 7.2
再生可能エネルギーの割合を大幅に拡大させる。

 ターゲット 13.1
気候変動に起因する危険や自然災害に対するレジリエンスおよび適応力を強化する。

 ターゲット 8.5
働きがいのある人間らしい仕事と同一労働同一賃金を達成する。

 ターゲット 17.16
持続可能な開発のためのグローバル・パートナーシップを強化する。

出所：「太陽住建 SDGs レポート 2020」より

■リフォーム事業

●空き家を活用したコミュニケーションスペースの数

2019 年　4 か所　➡　2030 年　56 か所

■太陽光発電事業

●太陽光発電を設置した福祉避難所数

2019 年　3 か所　➡　2030 年　432 か所

●福祉避難所での太陽光発電量

2019 年　196kw　➡　2030 年　19,440 kw

●福祉避難所に太陽光発電を設置することによる CO_2 削減量

2019 年　108t　➡　2030 年　10,692t

●障がい者の就労支援実績

2019 年　19 人　➡　2030 年　1,296 人

●就労支援後就職につながった人数

2019 年　5 人　➡　2030 年　324 人

このように、同社の KPI は非常にわかりやすく、だれが見ても容易に理解でき、かつ測定可能なものです。

　同社の KPI を参考にして、社員にも取引先にも、外部のステークホルダーにとっても納得のいく KPI を事業の内容から探してみてください。この場合も社会に正の影響を与えるもの、または負の影響を減じるものの視点で捉えると探しやすくなります。

　なお、この KPI は同時に自社の経営成果につながるものでなければなりません。社会貢献につながるビジネスを展開することが、自社の継続的成長と機軸を一致させるものであることが肝要です。自社の経営資源を投入していくわけですから、慈善事業としての社会貢献では長続きしませ

■ SDGs 経営計画書

		2020年	2021年	2022年	2023年	2024年	2025年	2026年	2027年	2028年	2029年	2030年
SDGs KPI												
損益計画	1.売上高 2.製造原価 3.売上総利益 4．販売費及び 　一般管理費 5.営業利益 6.営業外損益 7.経常利益											
	自己資本比率											
生産性	社員数 1人当り売上高 1人当り営業利益											
人材育成計画												
組織計画												
投資計画												

ん。財務をはじめとした経営成績の数値としても計画を立てることになります。

(2) アクションプランを立て、取り組みを始める

　次に、「SDGs 達成へのシナリオロジック」に基づいた具体的なアクションプランを立て、年度ごとに実行に移すことになります。SDGs 実施計画表を作成し、取り組み内容を 5W1H で明確にしていきます。ここでは 1 年間の計画に基づくアクションプランを立てていくことにします。

　まず、自社がこれから実行していく内容について、具体的施策をリストアップします。同時にその各施策が SDGs のゴールやターゲットのどれに該当するかをもう一度紐づけておきます。その施策を実施する場所は自社だけなのか、自社のどの部署なのか、外部なのか、もしくは外部と提携していくものなのかについて明らかにしておきます。

　そして 1 年後の経営効果目標（直接アウトプット）をできるだけ数値で表します。また、その経営効果目標と社会貢献目標を確認できる資料を明示しておきます。併せて 1 年後の社会貢献目標（社会的アウトカム）も可能な限り数値で表します。

　それから各具体的施策の実施責任者を決めます。その後 1 年間の実施スケジュールを各月ごとに記入していき、これらを一つのシートに網羅することで、実施計画が一目瞭然、誰が見てもわかるものになります。

5 取り組み結果を評価し、次の展開に進む

(1) 取り組み結果を測定・評価する

　自社の SDGs への取り組みが成果を上げるためには、計画どおりに実行できているか内容をチェックすることが必要です。チェックを怠ると日常の活動に追われて忘れてしまったり、途中でやめてしまうことになりかねません。SDGs の目標は短期間に成就できるものではありませんので、進捗状況をチェック測定し、その結果を評価し、改善点や問題点が発見された場合は、さらなる向上のための施策を実行するという Plan – Do- See- Check and Action のサイクルを回していくことが肝要です。

　具体的には、すでに設定した KPI とアウトプット及び社会的アウトカムの目標に対し、評価していくことが出発点となります。

　KPI は、当初からできるだけ定量可能な数値を設定していますので、測定は容易ですが、アウトプット及び社会的アウトカムについては、成果の解釈は深掘りしていかなければなりません。

　期待したもの以上だった場合は、「なぜよい成果が得られたのか？」「成功要因は何だったのか？」「それは内的なものだったのか、外的なものだったのか？」を振り返ります。期待以下だった場合も、「なぜ期待以下だったのか？」「阻害要因は何だったのか？」「それは内的なものだったのか、外的なものだったのか」を振り返ります。

　なお、アウトカム自体が発現したものであるかどうかが判明できない場合は、そもそもそのアウトカムの設定が適切だったのかを検討する必要があります。

■ SDGs 評価表

年度　SDGs 評価

評価項目		2030 年	2020 年			2021 年
		目標	目標	成果	成果の解釈	改善・更なる向上のための施策
KPI						
自社のアウトプット						
社会的アウトカム						

（2）評価結果を基に次の展開へ進む

　こうした評価及び成果の解釈を繰り返すことで、現状やってきたアクションが妥当か、あるいは改善すべきか、さらなる向上のための施策は何なのかを詰めていきます。その結果、優先課題や目標の見直し、さらには計画の変更もあり得ます。場合によっては、新しい優先課題や目標、計画の新たな設定も出てくるかもしれません。既存事業の改善でよいのか、あるいは新規ビジネスへの取り組みに進むべきかまで検討を進めます。

　ここで重要なのは、SDGsの3つの側面「攻めのSDGs」「守りのSDGs」「土台のSDGs」のうち、守りと土台作りのSDGsだけでは同業企業との競争優位は打ち出せません。攻めのSDGsを推進してこそ、100年継続するサ

スティナブル企業になるということです。

　攻めの SDGs には、既存の事業における付加価値の出し方とは異なる発想とそれを実現していくイノベーションが求められます。既存事業への革新的な付加価値の提供とは何かという命題への回答を真摯に考え、実現に移し結果を出すことが大切です。さらには、現有の経営資源を活かし、あるいは新たな経営資源を投入して新規に事業を興していくことも飛躍の第一歩となるでしょう。

　少なくとも四半期ごとに評価を繰り返し、年度末において新たな SDGs 計画を練り直す必要があります。

(3) 一連の取り組みを整理し、外部へ発信する

　一連の取り組みを実施し、その結果を評価し、整理したことを、自社のなかだけで完結させずに、積極的に外部へ発信することが必要です。取り組みを振り返ることで、外部へ発信できるアピールポイントが見つかります。そして効果的な発信として、次のようなことに留意します。

　個別の活動のみを取り上げるのではなく、会社全体の姿を見せることによって、よりアピール力が高まります。例えば、調達から製造、販売までの流れのバリューチェーン全体に SDGs をマッピングして示すことです。

　伊藤園が「茶畑から茶殻まで」として示しているのは、その一例です。企業理念やビジネスモデル、ひいては自社の技術や製品、サービスの強みや特徴を SDGs と関連づけて説明することで説得力が高まるでしょう。

　自社の社会課題解決に向けた価値創造をストーリーとして展開し、表現するのです。この点を明確に発信していくことが非常に重要です。もちろん 17 の目標ロゴは、カラー表示で視認性が高いものですので、あわせて掲示することでさらに理解が深まります。

　SDGs に取り組んでいることを積極的に外部発信することは、自社のブランディングの向上にも役立ちます。そこから新たなパートナーとの提携や、新たな取引先の開拓といったビジネスチャンスへとつながることも見

込まれます。

　自社のホームページに SDGs に関する活動レポートを掲載したり、ブログや SNS で発信する、会社案内や商品、サービスのパンフレットにも SDGs と関連づけて説明する、といった魅せ方の工夫が必要です。

　SDGs は外部との取引をする上での共通言語になってきていますので、積極的に外部発信に努めていきましょう。また最近は、SDGs を推進している自治体も増えてきています。SDGs 認定企業の登録も忘れないようにします。

　外務省が発表している SDGs 取り組み事例「Japan SDGs Action Platform」（https://www.mofa.go.jp/mofaj/gaiko/oda/sdgs/case/index.html）には、さまざまな会社の取り組み事例が紹介されていますので、参考にしてください。

6 SDGs 経営実践のまとめ

(1) SDGs 経営を実践するための取り組みを整理する

　本章では、SDGs 経営を実際に推進するための手順について述べてきました。SDGs 経営の実践は、つまり、持続可能な 100 年企業を目指すこととも言えます。そのためには、企業経営を SDGs の視点から捉え、全社員が同じ理念のもとに、自社の SDGs を実行推進し、目標達成への道程を歩んでいくことが必要です。

　この取り組み手順を図表「SDGs 経営推進手順」としてまとめましたので、活用してみてください。大まかな流れは、次のようになります。

---

① SDGs を理解し、社内で共有する

②自社の活動を SDGs と紐づける

③何に取り組むかを決定し、目標を立てる

④ SDGs 経営計画を作成し、取り組みを始める

⑤取り組み結果を評価し、次の取り組みへ展開する

　各ステップにおいて使用できるフォーマットを一部記載していますので、活用してください。

■ SDGs 経営推進手順

SDGsを理解し社内で共有する	自社の活動をSDGsと紐づける	何に取り組むかを決定し目標を立てる	SDGs経営計画を作成し取り組みを始める	取り組み結果を評価し次に取り組みへ展開する
1. 自社の経営理念やビジョンをSDGsの言葉で共有する	1. 取り組み活動とSDGsの紐づけを理解する	1. 取り組むビジョンや目的をより明確にする	1. SDGs経営計画書を作成し、PKIを設定する	1. 取り組み結果を測定評価する
自社がSDGsを進める意義	SDGsとの紐づけ早見表	SDGs宣言書	SDGs経営計画書	SDGs評価表
2. SDGs推進の活動体制を作る	2. バリューチェーンで自社が取り組む活動をマッピングする	2. 取り組むべき戦略をリストアップする	2. アクションプランを立てて、取り組みを始める	2. 評価結果を基に次の展開へ進む
①SDGs推進PJを立ち上げる				
推進プロジェクト要綱	バリューチェーンにおけるSDGsのマッピングと主要チェックポイント	自社が社会課題解決を目指す事業領域はどこか	SDGs実施計画表	
②キックオフミーティングを実施する				
キックオフミーティング				
3. 社員への浸透を図る		3. 優先課題を選定する		3. 一連の取り組みを整理し、外部に発信する
社内浸透策		優先課題の選定		
		4. 目標を立てる		
		SDGsバックキャスティング		
		5. SDGs目標達成へのシナリオロジックを描く		
		SDGs目標達成へのシナリオロジック		

(2) 中小企業の SDGs 経営実践事例

ここで、ある企業の SDGs 経営実践事例を取り上げてみましょう。

この会社は社長が同業者の会合で SDGs のセミナーを受講したのがきっ

かけで SDGs に取り組むことになりました。社長自身、それまで SDGs は大企業の話であって、中小企業には関係のないことで、ボランティアに似たきれいごとだと思っていました。しかしながら次第に、これは中小企業にとっては避けては通れない、むしろ企業の盛衰に関わるのではないかと思うようになったのです。

　後日、講師と話をし、自社が SDGs を実践することは社会の課題解決に貢献することであり、それを事業として取り組むことにより自社を大きく成長させることができる。むしろ同業者が取り組む前に始めることに大いなる意義があると確信したのでした。

　さっそく社内で講師を招き SDGs 講習会を開くと、それまで会議などで社長の話に熱心に耳を傾けていなかった社員が、真剣に聞き入っているのに驚き、SDGs は社内を一体化することにつながると気づきました。

　次に、SDGs への理解があり意欲をもって推進したいと賛同する社員を中心に、社内で SDGs 推進プロジェクト（PJ）を立ち上げました。まずは SDGs に関する情報を収集し、それを社内の共有ネットワークにコーナーを設けて発信することから始め、そして SDGs 検定を受講する案内を流したところ、強制ではないのに全員が受講し、合格することができました。

　再び講師を招き、SDGs カードゲームの講習を開きました。与えられたお金と時間を使ってプロジェクト活動を行うことで、最終的にゴールを達成しようというものです。社員をいくつかのグループに分け、発表することでさらに SDGs への理解が深まりました。

　こうした活動を続けるうちに、自発的に社員の健康増進のためのラン＆ウォーキングの会が発足するなどの新たな動きが出てきました。

　また、会社としての取り組みをさらに推進するため、社内で SDGs ワークショップを開きました。それまでの活動で社内の理解は進んだので、さらに一歩進んで具体的なアクションに結び付けようという目的です。

　現在の事業活動において、商品の企画と開発設計から始まり、仕入れから製造、販売、サービス提供、物流、商品の回収廃棄、これらに伴う業務において、SDGs に貢献するものは何か、全員で話し合って見つけていき、

行動に結び付ける、いわゆる後付マッピングです。

　来客に提供するカップをプラスチックから紙に変えよう、照明や空調の
ムダをなくすルールを作ろう、カーボンオフセットで CO_2 削減に貢献し
ようなどの案がたくさん生まれ、どんどん実行に移していきました。ビル
周りを中心に毎月定例日に清掃をすることも始まりました。こうした活動
を SDGs のどのゴールに該当するかも明らかにしました。

　ところで、これらは企業の事業活動におけるバリューチェーン上の課題
解決となるものですが、自社の顧客をはじめとしたステークホルダーの課
題解決、あるいは付加価値の提供をもたらす事業の展開がなければ、本当
の意味での SDGs 活動にはなりえません。事業展開を果たすことが社会の
課題解決になり、自社の業績に大きく貢献することが重要なのです。

　そこで、SWOT 分析により、自社を取り巻くステークホルダーのニー
ズは何か、自社の強みは何かを明らかにしていきました。次にそのニーズ
に応える事業は何か、どのように貢献できるか、事業化の課題は何か、そ
の課題の解決策は何かを一つひとつつぶしていき、事業化の目標を設定し、
アクション計画を作り、実行に移しています。この過程は検討に時間がか
かるものですが、100 年企業を目指すサスティナブルな事業の発展のため
には欠かせないものです。

　一方、こうした過程を踏むうちに、このような活動が徐々に認められ、
神奈川県の SDGs のパートナーの認定を受けることができ、横浜市の Y–
SDGs にも登録され、補助金も受給することができました。自社のホーム
ページに活動内容を掲載し、社外に発信を始めたところ、SDGs に関する
問い合わせも寄せられてきました。中学校から SDGs の見学依頼もありま
した。さらには、SDGs に理解があり取り組んでいる他業界の会社とのコ
ンソーシアムの提携をすることになり、新事業も発足することになりまし
た。これは SDGs ゴール 17 のパートナーシップそのものです。

　SDGs を実践していくことは、今までは考えられなかった企業の事業活
動に新たな展開を生み出すことだと経営者は語っています。

Chapter 8

地域創生と SDGs

1 自治体や地域金融機関での取り組み

(1) SDGs 実施指針とアクションプラン

　政府は 2016 年 5 月に「SDGs 推進本部」を設置しています。本部長は、内閣総理大臣、副本部長は官房長官と外務大臣、全閣僚が構成員という体制です。政府の SDGs 推進に対する意気込みを感じることができます。

　そして政府は、2017 年 12 月に「SDGs アクションプラン 2018」を決定して以来、毎年 12 月に翌年のアクションプラン（行動計画）を決定しています。2019 年の第 8 回会合では、SDGs の実施指針が改定され、新たに自治体の三つの役割が発表されています。

■自治体の役割（改定実施方針からの抜粋）
①一層の浸透、主流化：地方自治体及びその地域で活動するステークホルダーによる積極的な取り組みが不可欠であり、連携を図ることが期待される。
②「SDGs 日本モデル」宣言や「SDGs 全国フォーラム」等のような自発的な活動：SDGs を原動力とした地方創生を主導する旨の宣言等を行うとともに国際的・全国的なイベントを開催することにより、海外や全国または地域ブロック、若しくは共通の地域課題解決を目指す地方自治体間等での連携がなされ、相互の取り組みの共有によって、より一層 SDGs 達成へと向かっていくことが期待される。
③「地方創生 SDGs 金融」「登録・認証制度」の構築：地域レベルの官・民・マルチステークホルダー連携の枠組みの構築を通じて、地域課

題の解決を一層推進させることが期待されている。

　政府方針を受け、都道府県や地域によって濃淡はありますが、多くの自治体が、SDGs の取り組みを始めています。内閣府の資料によれば、SDGs に取り組む自治体が大きく増加しています。政府は「SDGs を推進している」と回答した自治体の割合を 2020 年度の 39.7％から 2024 年度には 60％に引き上げたいとしています。

■ SDGs 自治体アンケート調査結果

「推進している」と回答	2018 年度	2019 年度	2020 年度
自治体割合	4.9%	13.5%	39.7%
自治体数	87/1,788	241/1,788	710/1,788

出所：内閣府資料

　三つの役割のなかで中小企業と関係が深いのは③の「地方創生 SDGs 金融」「登録・認証制度」の構築です。地域レベルでの官民連携を強化する考えで、地域金融機関や自治体による「登録・認証制度」の構築を求めています。

　また②における「SDGs 日本モデル」宣言は、神奈川県が主唱し、全国

■ SDGs 日本モデル（神奈川県）

「SDGs 日本モデル」宣言

私たち自治体は、人口減少・超高齢化など社会的課題の解決と持続可能な地域づくりに向けて、企業・団体、学校・研究機関、住民などとの官民連携を進め、日本の「SDGsモデル」を世界に発信します。

1　SDGsを共通目標に、自治体間の連携を進めるとともに、地域における官民連携によるパートナーシップを主導し、地域に活力と豊かさを創出します。

2　SDGｓの達成に向けて、社会的投資の拡大や革新的技術の導入など、民間ビジネスの力を積極的に活用し、地域が直面する課題解決に取り組みます。

3　誰もが笑顔あふれる社会に向けて、次世代との対話やジェンダー平等の実現などによって、住民が主役となるSDGsの推進を目指します。

出所：神奈川県ホームページ（囲み線は筆者加筆）

の約200の自治体が参加しています。地域における官民連携や民間ビジネスの活用を推進するとしています。SDGsは対話の共通言語になりますし、こういった流れは、自治体や金融機関とのアライアンスを考えている中小企業にとっては、追い風と言えるでしょう。

(2) アクションプランの重点事項

2020年12月21日に、第9回の会合が開催され「SDGsアクションプラン2021」が閣議決定されました。新型コロナの影響をふまえたものとなっています。アクションプランでは、次の四つの重点事項に取り組むとしています。

I	感染症対策と次なる危機への備え
II	よりよい復興に向けたビジネスとイノベーションを通じた成長戦略
III	SDGsを原動力とした地方創生、経済と環境の好循環の創出
IV	一人ひとりの可能性の発揮と絆の強化を通じた行動の加速

この重点項目のなかに、中小企業にとってもビジネスチャンスになるキーワードがあります。例えば「ユニバーサル・ヘルス・カバレッジ（UHC）」、「デジタルトランスフォーメーション（DX）」、「スマート農林水産業」、「カーボンニュートラル」などです。これらのキーワードがあるビジネスの分野で自社の強みや技術を活かすことは、間違いなく成長戦略へと昇華します。

これらのキーワードについて概略を説明していきましょう。自社の強みとキーワードを掛け合わせることで、イノベーションや新たなビジネスのヒントが生まれるでしょう。

❶ユニバーサル・ヘルス・カバレッジ（UHC）
ユニバーサル・ヘルス・カバレッジとは、「すべての人が、質の適切な

■ SDGs アクションプラン 2021（2021 年の重点事項）

> ■「SDGs アクションプラン 2021」では、以下を重点事項として取り組む。

Ⅰ．感染症対策と次なる危機への備え

▶感染症対応能力を強化するため、治療・ワクチン・診断の開発・製造・普及を包括的に支援し、これらへの公平なアクセスを確保する。

▶次なる危機に備え、強靱かつ包摂的な保健システムを構築し、ユニバーサル・ヘルス・カバレッジ（UHC）の達成に向けた取組を推進する。国内では、PCR 検査・抗原検査等の戦略的・計画的な体制構築や保健所の機能強化など、国民の命を守るための体制確保を進める。

▶栄養、水、衛生等、分野横断的取組を通じて感染症に強い環境整備を進める。東京栄養サミットの開催を通じて世界的な栄養改善に向けた取組を推進し、国内では食育や栄養政策を推進する。

Ⅱ．よりよい復興に向けたビジネスとイノベーションを通じた成長戦略

▶ Society5.0 の実現を目指してきた従来の取組を更に進めると共に、デジタルトランスフォーメーションを推進し、誰もがデジタル化の恩恵を受けられる体制を整備し、「新たな日常」の定着・加速に取り組む。

▶ ESG 投資の推進も通じ、企業経営への SDGs 取り込みを促進すると共に、テレワークなどの働き方改革を通じてディーセントワークの実現を促進し、ワーク・ライフ・バランスの実現等を通じ、個人が輝き、誰もがどこでも豊かさを実感できる社会を目指す。

▶バイオ戦略やスマート農林水産業の推進など、科学技術イノベーション（STI）を加速化し、社会課題の解決を通じて SDGs の達成を促進すると共に、生産性向上を通じた経済成長を実現し、持続可能な循環型社会を推進する。

Ⅲ．SDGs を原動力とした地方創生、経済と環境の好循環の創出

▶ 2050 年までに温室効果ガス排出を実質ゼロとする「カーボンニュートラル」への挑戦も通じ、世界のグリーン産業を牽引し、経済と環境の好循環を作り出していくとともに、防災・減災、国土強靱化、質の高いインフラの推進を継続する。

▶「大阪ブルー・オーシャン・ビジョン」実現に向けた海洋プラスチックごみ対策などを通じ、海洋・海洋資源を保全し、持続可能な形で利用する。

▶ SDGs 未来都市、地方創生 SDGs 官民連携プラットフォーム、地方創生 SDGs 金融等を通じ、SDGs を原動力とした地方創生を推進する。

Ⅳ．一人ひとりの可能性の発揮と絆の強化を通じた行動の加速

▶あらゆる分野における女性の参画、ダイバーシティ、バリアフリーを推進すると共に、人への投資を行い、十分なセーフティネットが提供される中で、全ての人が能力を伸ばし発揮でき、誰ひとり取り残されることなく生きがいを感じることのできる包摂的な社会を目指す。

▶子供の貧困対策や教育のデジタル・リモート化を進めると共に、持続可能な開発のための教育（ESD）を推進し、次世代への SDGs 浸透を図る。

▶京都コングレスや東京オリンピック・パラリンピック等の機会を活用して法の支配やスポーツ SDGs を推進すると共に、地球規模の課題に関して、国際協調・連帯の構築・強化を主導し、国際社会から信用と尊敬を集め、不可欠とされる国を目指す。

出所：SDGs アクションプラン 2021（SDGs 推進本部資料）

健康増進、予防、治療、機能回復に関するサービスを、支払い可能な費用で受けられる」ことを意味しています。

　すべての人が経済的な困難を伴うことなく、医薬品やワクチンの接種も含め、保健医療サービスを享受することを目指しています。SDGs においてもゴール 3（健康と福祉）のターゲット 3.8 で UHC の達成が掲げられています。新型コロナや他の感染症のリスクがあるなか、UHC は重要な取り組みと言えます。

❷デジタルトランスフォーメーション（DX：Digital Transformation）

　デジタルトランスフォーメーションとは、端的に言うと「デジタルによる社会とビジネス変革」です。

　経済産業省は、「企業がビジネス環境の激しい変化に対応し、データとデジタル技術を活用して、顧客や社会のニーズを基に、製品やサービス、ビジネスモデルを変革するとともに、業務そのものや、組織、プロセス、企業文化・風土を変革し、競争上の優位性を確立すること」と定義しています。

❸スマート農林水産業

　スマート農林水産業とは、ロボットやドローン、AI、IoT 等の先端技術で生産性を向上し、人手不足に対応する新しい農林水産業の形態です。例えば、農業では少ない人数で多くの作業をする必要がありますが、ロボット、トラクターや水田の水管理をスマートフォンで遠隔操作するシステムなどを活用すれば、作業の自動化・省力化が可能です。また、熟練者の栽培方法をデータベース化することで、経験の少ない人でも質の高い農産物の生産が可能になります。

　水産（養殖）業においては、ICT ブイを使って養殖地を管理することで、漁場環境データの収集が可能になります。これらのデータに衛星情報や海況情報等を組み合わせることにより、赤潮の予測や高水温の把握など生産性につながる対応が可能になると言われています。

❹カーボンニュートラル

　カーボンニュートラル（炭素中立）とは、ライフサイクル全体で見たときに、二酸化炭素（CO_2）の排出量と吸収量とが実質プラスマイナスゼロの状態になることを指します。

　二酸化炭素をはじめとする温室効果ガスの排出量から、森林などによる吸収量を差し引いてゼロを達成することを意味しています。

　政府は、2020 年 10 月の菅総理の所信表明演説で、2050 年までに、温室効果ガスの排出を全体としてゼロにする、すなわち 2050 年カーボンニュートラル、脱炭素社会の実現を目指すことを宣言しました。

　なお、「SDGs アクションプラン 2020」においては、一丁目一番地に「ビジネスとイノベーション」を置き、「中小企業の SDGs 取り組み強化のための関係団体、地域、金融機関との連携強化」を明記しています。

　政府が中小企業の持続的な経営に向け、SDGs 経営を導入したいとの考えが反映されています。

　その後、菅総理は 2021 年 4 月 22 日、閣僚が参加する地球温暖化対策推進本部の会合で、「2030 年度の排出量を 13 年度比で 46%削減する」と中間目標を発表しています。また、2021 年 6 月には、「国、地方脱炭素推進会議」において、地域別脱炭素のロードマップが発表されています。

■地域脱炭素ロードマップ　対策・施策の全体像

> ● 足元から 5 年間に政策を総動員し、人材・技術・情報・資金を積極支援
> 　① 2030 年度までに少なくとも 100 か所の「脱炭素先行地域」をつくる
> 　②全国で、重点対策を実行（自家消費型太陽光、省エネ住宅、電動車、食ロス対策など）
> ● 3 つの基盤的施策（①継続的・包括的支援、②ライフスタイルイノベーション、③制度改革）を実施
> ● モデルを全国に伝搬し、2050 年を待たずに脱炭素達成（脱炭素ドミノ）

出所：「国・地方脱炭素推進会議」資料（内閣官房）

（3）自治体の SDGs への取り組み

❶認証・登録制度

　自治体の SDGs への取り組みのなかで、中小企業に関連があるものの一つに「認証・登録制度」があります。中小企業のなかには、SDGs に取り組んでいることをホームページなどで開示することに加えて、自治体などへの登録で認証を受けたいというニーズがあります。また、同じ志を持つ企業と交流することで、パートナーシップやビジネスマッチングの可能性があると考えています。

　そして、登録するなら全国的な組織よりも、自社がある自治体への登録のほうが身近に感じるものではないかと思います。

　このような中小企業の声や政府方針も受け、神奈川県や長野県のように「認証・登録制度」を開始する自治体も増えてきました。

　そして自治体の動きに合わせ、内閣府からも、2020 年 10 月に「地方公共団体のための 地方創生 SDGs 登録・認証等制度ガイドライン」が発表されています。

　ガイドラインによれば「地方創生 SDGs 登録・認証等制度は、さまざまなステークホルダーが関わることで、地域への資金の還流と再投資による自律的好循環の形成につながることが期待されている」としています。また「地方公共団体が、地方創生 SDGs に貢献しようとする地域事業者等を"見える化"し、地域金融機関の支援の補助材料とすることで地域経済を活性化し、自律的好循環の形成の土台を築くという効果が期待できる」としています。

　ただ、このような自治体による企業登録制度は、運営費用や人材などの問題からすべての自治体ができるものではありません。まずは都道府県や政令指定都市単位での実施が望まれます。

■自治体による主な企業登録制度

No.	自治体名	制度名
1	栃木県	とちぎ SDGs 推進企業登録制度
2	宇都宮市	宇都宮市 SDGs 人づくりプラットフォーム
3	つくば市	つくば SDGs パートナーズ
4	埼玉県	埼玉県 SDGs パートナー登録制度
5	神奈川県	かながわ SDGs パートナー
6	横浜市	横浜市 SDGs 認証制度 "Y-SDGs"
7	川崎市	かわさき SDGs パートナー
8	相模原市	さがみはら SDGs パートナー
9	小田原市	おだわら SDGs パートナー
10	長野県	長野県 SDGs 推進企業登録制度
11	静岡市	静岡市 SDGs 宣言事業
12	浜松市	浜松市 SDGs 推進プラットフォーム
13	豊田市	とよた SDGs パートナー
14	豊橋市	豊橋市 SDGs 推進パートナー
15	岐阜県	「清流の国ぎふ」SDGs 推進ネットワーク
16	鳥取県	とっとり SDGs パートナー
17	真庭市	真庭 SDGs パートナー
18	東広島市	SDGs 未来都市東広島推進パートナー
19	宇部市	宇部 SDGs フレンズ
20	新居浜市	新居浜市 SDGs 推進企業登録制度
21	北九州市	北九州 SDGs クラブ
22	熊本県	熊本県 SDGs 登録制度

（2021 年 3 月現在）

■ガイドラインでの企業メリット例示

- 事業を通じた SDGs に関する取り組みが、登録・認証団体によって評価及び「見える化」されることで、SDGs を通じた地方創生への貢献度等が対外的に明示される。

- 域内外における企業の認知度向上につながり、金融機関からの融資機会の拡大や地方公共団体及び民間団体等との連携機会（ビジネスマッ

チング等）の拡大、人材確保に向けた機会の拡大等が期待される。

● PR効果の向上による事業機会の拡大、入札時の加点（官公庁入札案件等）、他団体とのネットワーキングの機会の提供、地方公共団体及び業界団体等からの事業拡大に必要なスキル構築支援の提供等が考えられる。

出所：横浜市ホームページ

❷実証実験への参画とSDGs未来都市・モデル事業

2020年12月に閣議決定された第2期「まち・ひと・しごと創生総合戦略」（2020改訂版）において、SDGsを原動力とした地方創生を推進することが発表されています。

そのなかの横断的な目標として、前述したようにSDGsの達成に向けた取り組みを行っている都道府県及び市区町村の割合を2020年度の39.7％から2024年度には60％に引き上げることが決まっていますが、さらに政府は以下の4つの取り組みを柱に推進していくとしています。

1	地方創生SDGsの普及促進活動の展開
2	地方公共団体によるSDGs達成のためのモデル事業の形成（「SDGs未来都市・自治体SDGsモデル事業」の選定）・SDGs未来都市選定数：累計210都市

3	「地方創生 SDGs 官民連携プラットホーム」を通じた民間参画の促進 ・官民連携マッチング件数：累計1,000件
4	地方創生 SDGs 金融の推進 ・地方創生 SDGs 金融に取り組む地方公共団体：累計100団体

　中小企業に関係が深いものは、2にある「SDGs 未来都市・自治体 SDGs モデル事業」です。2018年から2020年の3年間で93自治体が選定されており、選定された自治体は、SDGs の取り組みで新たな事業に挑戦することになるので、人材やノウハウ、資金面で民間の力を借りたいと

■ SDGs 未来都市等一覧

2018 年選定（全29都市）※都道府県・市区町村コード順

都道府県	都市名	都道府県	選定都市名
北海道	★北海道	静岡県	静岡市
	札幌市		浜松市
	ニセコ町	愛知県	豊田市
	下川町	三重県	志摩市
宮城県	東松島市	大阪府	堺市
秋田県	仙北市	奈良県	十津川村
山形県	飯豊町	岡山県	岡山市
茨城県	つくば市		真庭市
神奈川県	★神奈川県	広島県	★広島県
	横浜市	山口県	宇部市
	鎌倉市	徳島県	上勝町
富山県	富山市	福岡県	北九州市
石川県	珠洲市	長崎県	壱岐市
	白山市	熊本県	小国町
長野県	★長野県		

（2021年3月現在）

2019 年選定（全31都市）※都道府県・市区町村コード順

都道府県	都市名	都道府県	選定都市名
岩手県	陸前高田市	滋賀県	★滋賀県
福島県	郡山市	京都府	舞鶴市
栃木県	宇都宮市	奈良県	生駒市
群馬県	みなかみ町		三郷町
埼玉県	さいたま市		広陵町
東京都	日野市	和歌山県	和歌山市
神奈川県	川崎市	鳥取県	智頭町
	小田原市		日南町
新潟県	見附市	岡山県	西粟倉村
富山県	★富山県	福岡県	大牟田市
	南砺市		福津市
石川県	小松市	熊本県	熊本市
福井県	鯖江市	鹿児島県	大崎町
愛知県	★愛知県		徳之島町
	名古屋市	沖縄県	恩納村
	豊橋市		

2020 年選定（全33都市）※都道府県・市区町村コード順

都道府県	都市名	都道府県	選定都市名
岩手県	岩手町	滋賀県	湖南市
宮城県	仙台市	京都府	亀岡市
	石巻市	大阪府	★大阪府・大阪市
山形県	鶴岡市		豊中市
埼玉県	春日部市		富田林市
東京都	豊島区	兵庫県	明石市
神奈川県	相模原市	岡山県	倉敷市
石川県	金沢市	広島県	東広島市
	加賀市	香川県	三豊市
	能美市	愛媛県	松山市
長野県	大町市	高知県	土佐町
岐阜県	★岐阜県	福岡県	宗像市
静岡県	富士市	長崎県	対馬市
	掛川市	熊本県	水俣市
愛知県	岡崎市	鹿児島県	鹿児島市
三重県	★三重県	沖縄県	石垣市
	いなべ市		

出所：地方創生に向けた SDGs の推進について（内閣府地方創生推進室）
　　　※青色網掛けは「自治体 SDGs モデル事業」選定自治体
　　　※★は SDGs 未来都市のうち都道府県

考えています。

　実際に未来都市やモデル事業には、地域コミュニティ、独自の技術やノウハウのある企業が参画しています。

　一方、民間とのアライアンスを求めるニーズは、選定されていない自治体にも当然あります。例えば、内閣府のホームページには、申請したものの認定に漏れた自治体の提案資料が公表されています。こういった資料のなかから、自社の強みを活かせるシーズを見つけることができるでしょう。

　今は、企業にとって SDGs を共通言語に実証実験などを行えるチャンスです。実証実験を通じて、知名度やイメージの向上にもつながり、また製品開発やサービス開発に向け、自治体との連携によって通常得られないデータも取得できます。

(4) 地域金融機関の動き

　都市銀行や地域金融機関である地銀、一部の信用金庫・信用組合は SDGs に積極的に取り組み始めています。

　具体的な活動としては以下のようなものがあります。

❶ SDGs 宣言

　愛知県名古屋市に本店を置く中京銀行は、2019 年 10 月に経営ビジョンとして「地域社会の発展に貢献する」ことを掲げ、「中京銀行は、経営ビジョンに基づき、事業活動を通じて SDGs の達成に貢献し、持続可能な社会の実現に努めてまいります」と宣言しました。

　具体的には「定期総額による寄付」や「事業性評価融資に基づく中小企業者への資金提供」などの KPI（指標）を掲げています。また SDGs 私募債や ESG に関連した投資信託の販売に取り組むなど、SDGs の考えを自社の業務に反映させ、持続可能な活動にしています。

　愛知県は、SDGs 未来都市・モデル事業に、愛知県を筆頭に名古屋市・豊田市・豊橋市・岡崎市の 5 自治体が選定されるなど SDGs に関心の高い

■「中京銀行 SDGs 宣言」について（一部）

中京銀行（頭取　永井　涼）は、国連が提唱するＳＤＧｓ（持続可能な開発目標）の達成に向けて、地域金融機関として本業を通じて持続可能な社会の実現を目指していくため、「中京銀行ＳＤＧｓ宣言」を行いましたので、お知らせします。

当行は、経営ビジョンにおいて「地域社会に貢献する」ことを"私たちの使命"として定めております。従前より、本業を通じた環境・社会課題の解決と持続的成長を両立すべく、ＳＤＧｓ（※1）やＥＳＧ（※2）に取り組んでまいりましたが、ＳＤＧｓ宣言を機に、より一層取組みを拡大するとともに、ＳＤＧｓに取り組む地域のお客さまのご支援も行うことで、持続可能な地域社会の実現に貢献してまいります。

記

1．ＳＤＧｓ宣言について

> ### 中京銀行ＳＤＧｓ宣言
> 中京銀行は、経営ビジョンに基づき、事業活動を通じてＳＤＧｓの達成に貢献し、持続可能な社会の実現に努めてまいります。
>
> 2019 年 10 月 1 日

> **経営ビジョン**
> 私たちの使命　：　「地域社会の発展に貢献する」
> 　1．健全で透明性の高い経営を行い、地域の皆さまの声を真摯に受け止め、信頼される存在であり続けること。
> 　2．お客さま第一主義の精神で、質の高い金融サービスを提供し、お客さまの期待にお応えし続けること。
> 　3．働きがいや活気に満ちた組織へ進化し続け、お客さまと地域社会の豊かな未来の創造に貢献し続けること。
> それが、私たちの使命です。

2．当行の取組み

・当行は、第 17 次中期経営計画＜中京アクションプラン 17＞（期間：2018 年 4 月～2021 年 3 月）においてＳＤＧｓに関する 4 つのＫＰＩを設定しているほか、私募債を発行されるお客さまから受取る手数料の一部で教育機関等に学用品等を寄贈する中京ＳＤＧｓ私募債「みらいエール」の取扱いなどを行ってまいりました。

・今後も、地域金融機関の本業とつながりが深い「8.働きがいも経済成長も」「5.ジェンダー平等を実現しよう」「3.すべての人に健康と福祉を」等の目標を中心に、ＳＤＧｓの取組みを拡大してまいります。

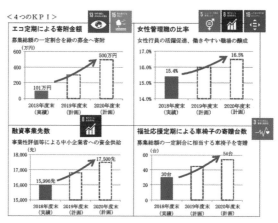

＜4つのKPI＞

出所：中京銀行ニュースリリース（中京銀行ホームページ、2019.10.1）

地域です。県内の金融機関では、名古屋銀行、豊田信用金庫、瀬戸信用金庫など多くの金融機関が同様の取り組みを開始しています。

❷ SDGs 専任部署の設置

　静岡県浜松市に本店を置く、浜松いわた信用金庫は、SDGs 達成に貢献することを経営理念に明記し、SDGs の専任部署である「SDGs 推進部」を設置しています。

　また、京都府にある京都銀行は「広報 SDGs 室」、長野県にある八十二銀行は、総務部内に「SDGs 推進グループ」を設置するなど、専任部署を設ける金融機関もあります。

❸ SDGs 私募債の発行

　企業が資本市場から資金を調達する時に発行する債券は「社債」、広く不特定多数の一般投資家を対象として発行される社債は「公募債」です。一方、取引金融機関や特定少数（50 人未満）の投資家に買い取りを依頼して発行する社債を「私募債」といいます。基本的に、中小企業が資金調達する場合は、私募債を利用することになります。

　私募債には、金融機関や信用保証協会の保証、またはその両方の保証を

■ SDGs 推進私募債の仕組み

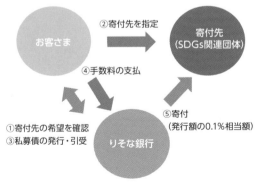

出所：りそな銀行ホームページ

付ける形になります。

　金融機関のSDGsへの取り組み強化に伴い、今まで「寄付型のCSR私募債」といわれていたものが、「SDGs私募債」という形で推進されるようになり、中小企業の利用が増えています。

　地域金融機関が扱う「SDGs私募債」の基本的な仕組みは、金融機関が受け取る手数料のなかから、一部をSDGsに取り組む公益法人やNPO、社団法人、大学・研究機関などの団体や自治体に寄付をするというものです。

　CSRからSDGsに視点を切り替えることで、企業側もCSRだけでなく、政府や自治体が推進するSDGsというキーワードで社会や地域に貢献できることになり、さらに新たな価値を見出しています。金融機関側も企業の

■全国に広がる地域金融機関によるSDGs私募債の例

地域	金融機関名	SDGs私募債の名称
北海道	北海道銀行	道銀SDGs私募債
青森県	青森銀行	あおぎんSDGs私募債「未来の創造」
栃木県	とちぎ銀行	とちぎんSDGs私募債（未来へのこころ）
神奈川県	横浜銀行	〈はまぎん〉SDGs私募債〜未来へ〜
長野県	八十二銀行	地方創生・SDGs応援私募債
富山県	北陸銀行	ほくぎん寄贈型SDGs私募債
愛知県	中京銀行	SDGs私募債「みらいエール」
京都府	京都銀行	SDGs私募債「未来にエール」
滋賀県	滋賀銀行	SDGs私募債「つながり」
奈良県	南都銀行	〈なんと〉SDGs私募債
香川県	香川銀行	かがわSDGs私募債
岡山県	中国銀行	SDGs私募債
福岡県	福岡銀行	SDGs私募債

財務情報だけでなく、事業の内容や日頃の環境や社会への取り組みといった「非財務情報」を SDGs という視点で評価できることが背景にあると考えます。

一方、寄付はせず、企業側のクーポンレート優遇をする形での SDGs 私募債もあります。なお、寄付型の SDGs 私募債を発行する企業メリットは以下のとおりです。

- 中長期的な資金の調達
- SDGs への貢献を金融機関が証明してくれることによる PR 効果
- 発行企業の財務状況を審査したうでの発行となるため、信用度・イメージが向上

❹グリーンボンド（環境債）の発行

グリーンボンドとは、企業や地方自治体等が国内外の環境保全事業等（グリーンプロジェクト）に必要な資金調達のために発行する債券のことです。代表的な事業は、メガソーラーなどの太陽光発電や風力発電、地熱発電など再生可能エネルギーの活用などです。他には、省エネルギーに関する事業や汚染防止、水問題、気候変動に関するものなど、多岐にわたります。

地方銀行では、2019 年 11 月に群馬銀行が初めてグリーンボンドを 100 億円規模で発行し、その後名古屋銀行が 2019 年 12 月に 100 億円発行しています。

都市銀行では三菱 UFJ フィナンシャル・グループや三井住友銀行などが発行し、調達資金を環境関連の投融資に使っています。

ESG 投資の潮流を受け、我が国でも今後はグリーンボンドの発行は拡大すると予測されています。環境省も推進に向け「グリーンボンド発行促進プラットホーム」を設置しています。

❺ SDGs 融資

　三重県津市に本店を置く百五銀行は、2019年10月に独自の基準に基づき、融資先企業のSDGs・ESGの活動を評価し、金利を優遇する「サスティナブル105」の取扱いを開始しました。この商品は、環境省の地域ESG融資促進利子補給事業「CO_2削減目標設定支援型」に対応した融資商品です。

　環境省のホームページによれば、地域ESG融資促進利子補給事業により、「"E"に着目したインパクトのある地域ESG融資を拡げるとともに、民間資金による地球温暖化対策の促進を図り、地域循環共生圏の創出につなげる地域ESG融資促進利子補給事業を実施します」としています。

　またSDGsに積極的な神奈川県横浜市に本店を置く横浜銀行は、SDGsの啓発について、2018年12月に神奈川県と「SDGs推進協定」を締結しています。その具体的な取り組みとして、SDGs私募債に加えて、2019年10月に「SDGsフレンズローン」の取扱いを始めています。ローンの概要は、事業資金を融資する際に、経営者との対話を通じて、事業者の経営理念等とSDGsの目標の関連性などを記載する「SDGsチェックシート」を作成することで中小企業経営を応援するものです。

　同行は、2020年2月末時点で、約1,200件、約1,500億円が実行されたと発表しています。また目標の500億円を上回ったことから、公益財団法人かながわ海岸美化財団へ500万円を寄付しています。

　こういった一連の活動が、神奈川県のホームページでも紹介されています。まさにSDGsを共通言語に金融機関と自治体がパートナーシップを構築した好例と考えます。

　なお横浜銀行では、顧客と銀行が金利の一部をSDGs推進団体や災害支援にマッチングギフトとして寄付する「SDGs外貨定期預金」なども発売しています。

　一方、三井住友銀行のように融資先を再生可能エネルギー事業などのCO_2削減や環境保全事業に取り組んでいる事業主に絞った「環境預金（グリーン預金）」によって、企業や機関投資家から資金を集める動きもあり

ます。

「環境預金」は、預金する側にとっては間接的に環境事業を支援することになり、取り扱う金融機関にとっては、今後成長が期待できる再生可能エネルギー関連での新たな融資先を開拓できるものです。

❻顧客向け SDGs 経営支援サービス

愛媛県松山市に本店を置く愛媛銀行は、2020 年 11 月から顧客向けの SDGs 経営立上げ支援サービスを有料で展開しています。

サービス内容は、チェックシートに基づく SDGs の取り組み診断や宣言書の作成支援、PR 支援などとしています。

同様のサービスは、広島銀行なども実施しています。今後は、顧客向けの SDGs 経営の支援サービスを軸にした新たな取り組みが増えていくでしょう。

■参考：愛媛銀行 SDGs 経営立上げ支援サービス

サービス項目	内　容
SDGs 取り組み状況の診断	当行オリジナルのチェックシートを用いて、お客さまの SDGs への取り組み状況を診断します。
診断結果のフィードバック	診断結果レポートを通じてフィードバックいたします。今後の取り組み方針にご活用ください。
お客さま独自の「SDGs 宣言」策定に向けた支援	診断結果やお客さまとの面談結果から、お客さま独自の「SDGs 宣言」の策定をお手伝いします。
対外 PR 支援	当行ホームページ等を通じて、お客さまが SDGs 宣言された旨をニュースリリースいたします。

出所：愛媛銀行ホームページ

また第 2 回「ジャパン SDGs アワード（特別賞）」を受賞した滋賀銀行は、「なぜ、SDGs に取り組むのか」の答えとして以下の 3 つを挙げています。

- 社会貢献活動をすることは、本業による課題解決型ビジネスへビジネスモデルを転換するチャンスでもあるから。

- イノベーションの発揮や新たなビジネスモデルの構築などを通じて、企業価値の向上に資する取り組みとなるから。

- ステークホルダーとの関係強化や協働に活用する可能性があるから。

　同行は、「SDGs に取り組まない企業は"生き残れない時代"がやって来る」とも考えています。新型コロナの影響をふまえると、資金繰りや経営支援の面で金融機関との関係構築は、より大切になったとも言えるでしょう。
　中小企業経営者は、SDGs を共通言語に金融機関との関係をより強固にしていくことができるのです。

■地域金融機関の動き

| SDGs宣言の増加 | SDGs専任部署設置 | グリーンボンド発行 |
| | SDGs私募債発行 | SDGs融資（事業性評価） |

| 横浜銀行 | 滋賀銀行（ジャパンSDGsアワード特別賞受賞） |

出所：横浜銀行ニュースリリース（2018.12.1）、滋賀銀行プレゼン資料

2 SDGs を共通言語に パートナーシップを構築する

中小企業を取り巻くステークホルダーは、間違いなく SDGs に関心を持ち始めています。ステークホルダーごとに、SDGs を共通言語にどのような形でパートナーシップを構築していくかのヒントを紹介します。

(1) 自治体・NPO・NGO とのパートナーシップ

SDGs は、社会課題や地域課題を表しています。したがって、社会課題や地域課題を解決する商品やサービスを開発することは顧客からの信頼を獲得できることにつながるものです。しかし、その解決にイノベーションや自社の強み、持っている技術を活用するには、社会課題や地域課題を十分に理解する必要があります。

社会課題や地域課題に詳しいステークホルダーと言えば、自治体やNPO・NGO です。

中小企業にとって、自治体は敷居が高いと感じるのであれば、まずは地域の NPO との交流から始めてみるとよいでしょう。関係を構築するうえで取り組みやすいのは、NPO への寄付やボランティアへの参加です。

ただし、活動実態のない NPO や、特定業界団体の会員が多い団体もあるので、選定には注意が必要です。NPO を選ぶ際には、社内で仮説を立て、NPO との関係構築について十分な論議をすることをお勧めします。NPOについての知識や人脈を得たい場合は、自治体や特定非営利活動法人「日本 NPO センター」への相談も有効です。

同センターでは、「民間非営利セクターに関するインフラストラクチャー・オーガニゼーション（基盤的組織）として、NPO の社会的基盤

の強化を図り、市民社会づくりの共同責任者としての企業や行政との新しいパートナーシップの確立をめざします」というミッションステートメントを掲げています。

　地域の NPO は自治体など行政とのパイプがあるので、NPO の人脈を活用して、自治体とのパートナーシップ構築につなげる方法もあるでしょう。

　なお、自治体のなかには、東京都世田谷区のように官民連携を推進する専任部署が設置されているところもありますが、一般的には企画部門との交渉になります。

　NGO（非政府組織）とは、Non-Governmental Organization のことで、民間組織ではありますが、「貧困」や「飢餓」、「紛争」や「環境破壊」「災害」など世界で起こっているさまざまな課題に、政府や国際機関とは異なる立場から、利益を目的とせず取り組む市民団体のことを指します。

　NGO とのパートナーシップ構築を考えるなら、独立行政法人　国際協力機構（JICA：ジャイカ）や認定 NPO 法人国際協力 NGO センター（JANIC：ジャニック）に相談するとよいでしょう。

　NPO と地域の中小企業とのアライアンスの事例の一つに、東京都中央区銀座にある NPO 銀座ミツバチプロジェクトと、福島県須賀川市の中小企業との養蜂事業があります。NPO が養蜂ノウハウの提供や販路拡大への協力を担う一方、須賀川市にある商工会議所参加メンバーによって設立された須賀川ふるさと創生倶楽部合同会社が、養蜂事業と製品の製造販売を行う形でのパートナーシップを構築しています。

（2）大企業とのパートナーシップ

　大企業も最初から大企業であった訳ではなく、他社にはない革新的な技術やビジネスモデルを持った中小企業であったはずです。

　社会を変革するようなイノベーションは、必ずしも大企業で発明されるものではなく、むしろその可能性は中小企業にあると考えられることから、SDGs を共通言語にクラウドファンディングサイトで中小企業とのアライ

アンス募集を開始している大企業もあります。

　中小企業の技術に、大企業がマッチングギフトという形で資金面を応援する仕組みです。中小企業にとっても、資金面に加え大企業からの支援をPRすることができることから、信用面での補完効果も期待できます。

　SDGsに直結したビジネスでは、石灰石からプラスチックや紙の代替品と言われる新素材、LIMEX（ライメックス）を開発した東京都中央区にある株式会社TBMが有名です。2011年の創業ですが、SDGsやESG投資の流れに乗り、新素材であるLIMEXが注目され急成長した会社です。

　大企業との資本提携も進み、2012年の資本金は2,000万円でしたが、2021年2月現在で資本金は約137億円（資本準備金を含む）、社員数193名までになっています。

（3）金融機関とのパートナーシップ

　前述したように、金融機関は積極的にSDGsを推進しており、SDGsやESGを共通言語にしたビジネスマッチング事業を始めているところもあります。

　取引のある金融機関とパートナーシップについても相談し、SDGsでの活用をしてもらうアプローチをするとよいでしょう。

　神奈川県は、SDGsに取り組む中小企業向けの融資制度である「SDGsパートナーズ支援融資制度」を県、金融機関、信用保証協会の三者で協調し創設しています。

　埼玉県熊谷市に本店を置く埼玉縣信用金庫は、中小企業を支援する一般社団法人さいしんコラボ産学官を設立しています。地域の中小企業と自治体や大学などの研究機関を繋ぐ役割を果たしています。具体的には、SDGsへの取り組みとして、ビジネスフェアの開催や一般社団法人さいしんコラボ産学官との連携した事業を展開しています。

（4）大学・研究機関とのパートナーシップ

　全国で SDGs に取り組む大学が増えています。東京大学産学協創推進本部をはじめとした首都圏の大学の活動に加え、2017 年第 1 回ジャパン SDGs アワードで副本部長（内閣官房長官）賞を受賞した金沢工業大学や、パートナーシップ賞（特別賞）を受賞した岡山大学など、地方の大学も取り組みを強化しています。

　スタートアップや独自の技術を持つ中小企業にも、大学とのアライアンスのチャンスは大いにあります。

　千葉県市川市に本拠を置く千葉商科大学は、「SDGs 行動憲章」を策定しています。地元自治体、各商工会議所、各商工会及び中小企業関係団体と連携し、教育研究活動や地域連携活動への支援・協力体制を構築するなど、パートナーシップを積極的に行っています。また、日本の大学として初の試みとなる「自然エネルギー 100％大学」として、大学が所有するメガソーラー発電所などの発電量と大学の総エネルギー使用量を同量にするという挑戦もしています。

（5）地方創生 SDGs 官民連携プラットフォーム

　政府もパートナーシップ構築に積極的に取り組んでいます。内閣府は、「SDGs の国内実施を促進し、より一層の地方創生につなげることを目的に、広範なステークホルダーとのパートナーシップを深める官民連携の場」として、「地方創生 SDGs 官民連携プラットフォーム」を設置しています。

　会員は 2021 年 1 月現在で 4,500 を超えています。都道府県・市町村は 1 号会員、関係省庁は 2 号会員、企業や NPO などの民間は 3 号会員で、会員の 8 割を民間の 3 号会員が占めています。マッチング事業や分科会活動も実施しており、会員同士のパートナーシップを構築する出会いもあります。

SDGs には不思議な力があります。もちろん、中小企業が社会貢献での CSR や環境などをキーワードにパートナーシップを構築していくことも可能ですが、SDGs には、課題や障害のハードルを下げる効果があるのです。

　これからの中小企業は、持続可能な経営のため、SDGs を共通言語に自社を取り巻くステークホルダーとのパートナーシップ構築に取り組んでいく必要があるでしょう。

■地方創生 SDGs 官民連携プラットフォーム

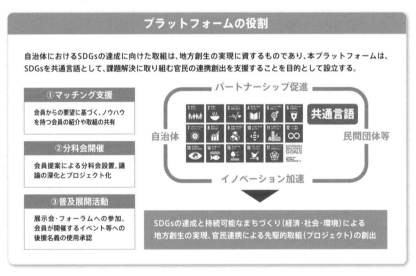

出所：内閣府ホームページ

SDGs 経営をサポートする
公的制度

1 改正された 企業版ふるさと納税を活用

(1) 企業版ふるさと納税制度が生まれた背景

　人口減少や超高齢化社会の進展により地方の活力が低下した結果、日本全体の競争力低下が進んできました。人口の東京一極集中を是正し、移住や定住などで地方の人口減少に歯止めをかけ、地域の産業を活性化させて地方の活力を高めることが求められています。

　国においては、地方創生を最重要政策課題の一つとして掲げ、平成26年に「まち・ひと・しごと創生総合戦略」を策定してこの取り組みを進めてきています。そのために、地方公共団体が地域再生法という法律に基づき地方創生のための計画を立て、その計画に掲げられている事業を推進することを、国としても積極的に支援しています。

　しかしながら、地方公共団体は財政的に余裕がないところが多いことから、事業を推進するために、民間企業からの積極的な金銭支援、つまり寄付を促進することが要請されているところです。

　そこで平成28年度の税制改正において、地方への資金の流れを推し進めるために、地方創生応援税制（企業版のふるさと納税）制度が創設されました。これは、国が認定した地方公共団体が地方再生計画として寄付を活用する事業に、民間企業が寄付をしたときは、税制の特典を受けることができるという制度です。寄付金の額を基に、税額控除割合を最大3割とするものでした。

　令和2年度の税制改正において、さらにこの制度の活用を促し、地方への資金の流れを飛躍的に高める観点から、税額控除割合が最大3割か

ら最大 6 割に引き上げられました。寄付による損金算入による軽減効果と合わせ、軽減効果が最大 9 割にもなります。手続きの簡素化など大幅な見直しも実施されました。

（2）企業版ふるさと納税による節税効果

　一般的には、企業が寄付をした場合、寄付金額の全額が経費として損金になるわけではありません。損金算入限度額があり、その限度額は極めて低額となるものがほとんどです。

　ところが国や地方公共団体に対する寄付金は、全額が損金に算入されます。法人税等の実効税率は約 3 割ですから、寄付金としての支出額の 3 割が節税となるわけです。

■企業版ふるさと納税　制度のポイント

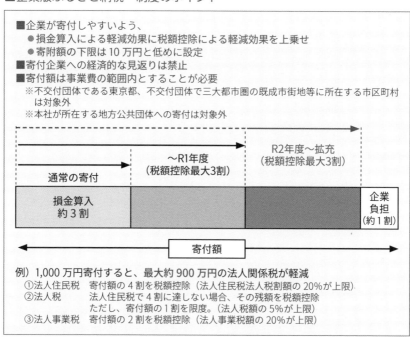

出所：「企業版ふるさと納税ポータルサイト」（内閣官房）

令和 2 年の税制改正において拡充された企業版ふるさと納税制度では、税額控除割合が今までの 2 倍に引き上げられたので、損金算入による節税効果が 3 割、税額控除割合が 6 割と合わせて最大 9 割、つまり企業負担が最小 1 割で済むという画期的な効果を生むことになりました。

ただ、注意すべきは、税額控除割合には限度額があることです。法人住民税、法人税、法人事業税は各々限度額が設けられていますので、実際は企業の所得金額と寄付金額により税の軽減効果は異なります。あくまで軽

■企業版ふるさと納税 ―寄付の有無比較概算― （寄付金額 50 万円の場合）

前提条件：寄付前課税所得　5,000 万円
　　　　　寄付金額 50 万円
　　　　　法人税等実効税率 33%

		寄付なしの場合	寄付ありの場合	差額
①	寄付前課税所得	5,000 万円	5,000 万円	0
②	寄付額	0	50 万円	50 万円
③	寄付後課税所得	5,000 万円	4,950 万円	▲ 50 万円
④	法人税等 ③× 33%	1,650 万円	1,635 万円	▲ 15 万円
⑤	税額控除 （上限計算結果より）	0	30 万円	30 万円
⑥	納税額 ④－⑤	1,650 万円	1,605 万円	▲ 45 万円
⑦	外部支出額 ②＋⑥	1,650 万円	1,655 万円	5 万円
⑧	手元キャッシュ ①－⑦	3,350 万円	3,345 万円	▲ 5 万円

※あくまで概算価額ですので、実際は異なります。目安として参考にしてください。
※実際の税額計算では、法人税における軽減税率、法人住民税・事業税における超過税率が適用される場合もありますので、同じ寄付額であっても税額が異なる可能性があります。
　詳しくは顧問税理士にご相談ください。

減効果が9割となる場合は限られていることに注意してください。

　ここで企業の所得金額と寄付金額を2つの例で挙げてみました。前者の場合は、実質自己負担は約1割ですが、後者の場合の実質自己負担は約4割となります。

■企業版ふるさと納税 ―寄付の有無比較概算―（**寄付金額500万円の場合**）

前提条件：寄付前課税所得　5,000万円
　　　　　　寄付金額500万円
　　　　　　法人税等実効税率33%

		寄付なしの場合	寄付ありの場合	差額
①	寄付前課税所得	5,000万円	5,000万円	0
②	寄付額	0	500万円	500万円
③	寄付後課税所得	5,000万円	4,500万円	▲500万円
④	法人税等 ③×33%	1,650万円	1,485万円	▲165万円
⑤	税額控除 ②×（最高60%）	0	135万円	135万円
⑥	納税額 ④－⑤	1,650万円	1,350万円	▲300万円
⑦	外部支出額 ②＋⑥	1,650万円	1,850万円	200万円
⑧	手元キャッシュ ①－⑦	3,350万円	3,150万円	▲200万円

※あくまで概算価額ですので、実際は異なります。目安として参考にしてください。
※実際の税額計算では、法人税における軽減税率、法人住民税・事業税における超過税率が適用される場合もありますので、同じ寄付額であっても税額が異なる可能性があります。
　詳しくは顧問税理士にご相談ください。

(3) 企業版ふるさと納税の留意点とメリット

　企業版ふるさと納税は、地方公共団体に寄付すればすべてが適用対象となるものではありません。認定された「まち・ひと・しごと創生寄付活用事業」への寄付のみが対象となるものです。東京都などの地方交付税の不交付団体は対象外となりますし、寄付を行う代償として、その企業が経済的利益を受け取ることは禁止されています。

　また、本社が所在する地方公共団体への寄付については対象となりませんが、地方の支店や営業所、工場、店舗が所在する地方公共団体への寄付は対象となるものです。

　かつて北海道出身の創業者がこの制度を利用し、企業からの大口寄付をしたおかげで、かつて財政破綻した地方都市が再建を果たしたのは有名な話です。会社のオーナーや創業者が自身の企業を通して寄付する例も見受けられます。決して大口の寄付でなくても１回あたり10万円以上から対象となるので、自社の業況に応じて柔軟に対応することが可能です。

　この制度には、前述したような節税効果もありますが、本来の趣旨である「地方創生に社会貢献する」という SDGs の理念に合致するということがポイントで、そこから企業のイメージアップにつながり、自社のブランディングが向上するというメリットがあるのです。

　また、地方公共団体との新たなパートナーシップが生まれ、地域資源を生かした新たな事業展開の可能性も出てくるというメリットもあり、大いに活用をお勧めしたい制度です。

　なお、企業版ふるさと納税に関して、特に顕著な功績を残し、今後の模範となる活動を行った企業や地方公共団体に対する表彰制度が 2018 年度から創設され、大臣表彰として紹介されています。

② SDGsに関する制度を知り、活用する

(1) カーボンオフセットの利用

　カーボンオフセットとは、企業の経済活動や人間の生活を通して排出された二酸化炭素などの温室効果ガスを、植林・森林資源・クリーンエネルギー事業による削減活動によって、直接的、間接的に吸収しようとする活動のことです。カーボンは「炭素」、オフセットが「相殺する、埋め合わせをする」という意味から、二酸化炭素を削減する取り組みがカーボンオフセットと言われています。

　例えば、自社の経済活動で行われる空調や照明などの電気やガス、水道の使用、廃棄物の処理、車の利用から排出される二酸化炭素排出量と同量のクレジットを購入することで、二酸化炭素をゼロにオフセットする。また、森林バイオマスや育成活動、太陽光発電システムなどで排出を抑えられた企業が創出したクレジットを購入し、自社が輩出した二酸化炭素を実質ゼロ化するというものです。

　森林資源の保全や太陽光発電の普及に役立つものとして、まさにSDGsの目標13「気候変動に具体的な対策を」、目標15「陸の豊かさも守ろう」に貢献する取り組みとなっています。

　なお、この制度は、環境省、経済産業省、農林水産省が3省合同で、信頼性あるものとして認証する「J-クレジット制度」として発展的に統合されました。

(2) FSC、MSC といった認証規格品の利用

❶ FSC 認証規格品

紙製品や木材製品などは木からできています。無計画に森林を伐採してしまうと、二酸化炭素の吸収源である森林が減少し温暖化につながり、森の生態系を崩すことになるなどの問題が起きることになります。

FSC とは、Forest Stewardship Council（森林管理協議会）の略で、森林認証規格制度を統括している国際的な団体のことです。

森林が急速に破壊されている状況を背景に、環境保全の観点から森林を管理し、伐採される木材とそれによって生産される製品を識別しています。森林から木材製品生産流通まで、すべてのバリューチェーンで FSC 認証を受けている場合にだけ、このラベルを付けることができます。例えば、印刷会社であれば、その紙だけが FSC 認証を受けた森林で採れた木で作られていればよいのではなく、その紙を使って印刷する会社も認証を受けている必要があります。

FSC 認証を重視する流れは、日本を代表する各社に見られます。

> - マクドナルド「ハンバーガーを包む紙やボックス、紙コップなど、お客様にご提供するすべての紙容器包装類は、2020 年までに FSC 認証製品を 100%使用することを目指しています」
> - サントリー「国産商品において、国際的な FSC 認証を取得した紙製包材を順次採用することを目指します」

と公表しています。

❷ MSC 認証（エコラベル）規格品

海のエコラベルと言われる MSC は、Marine Stewardship Council（海洋管理協議会）の略で、漁業認証規格制度を管理している国際的な機関で

■ FSC 認証マーク

FSCロゴ　　　広告宣伝用マーク　　　　　　　　　　　　**Forests For All Forever**マーク

■ MSC 認証マーク

横向き　　　　　　　　　　　　　　　　**縦向き**

※実際に使われる青色は、
Pantone 286（CMYK 100-60-0-2、
RGB 0 93 170）になります。

す。MSC 認証を受けた水産物は、水産資源と環境に配慮し、適切に管理
された、持続可能な漁業で獲られた天然ものであるという証です。

　魚、貝、エビといった海の生き物は、乱獲が続くことにより減少し続け、
結果として豊かな海の生態系が壊れ、将来の人類の食料としても不足して
しまいます。

　水産資源と環境に配慮し適切な管理を行っているとして認証されたラベ
ルの付いた水産物を消費者が選ぶことによって、海洋環境を守る漁業者が
漁業を続けることができ、持続可能な漁業が広がることになります。

FSC や MSC が認証した製品や海産物を購入することは、地球資源を守ることになりますが、認証マークをつけて提供する事業者にとっても、大きな商業的メリットがあります。

　認証マークの認知が進むことは、宣伝や販売促進の大きなチャンスになるとともに、自社のブランドイメージが向上します。そして新たな市場や、顧客の開拓につながる可能性が出てきます。SDGs への貢献とともに、自社の事業の成長発展にも寄与するのです。

（3）SDGs 未来都市のパートナー登録

　「SDGs 未来都市」は、内閣府が SDGs の達成に取り組んでいる都市を選定する制度です。

　日本全体で持続的な経済社会の推進を図るために、SDGs の理念に沿った基本的総合的な取り組みを推進しようとする都市・地域のなかから、特に経済・社会・環境の 3 側面における新しい価値創出を通して、持続可能な開発を実現するポテンシャルが高い都市・地域を「SDGs 未来都市」として選定するものです。

　2018 年から毎年 30 ほど選定されており、2020 年度時点では全国で 93 の都市・地域が選ばれています。地方創生をさらに深化させていく取り組みと言えます。

　例えば神奈川県では、神奈川県、横浜市、川崎市、鎌倉市、小田原市、相模原市が選定されており、さらに「SDGs 未来都市」のなかから、特に先導的な取り組み 20 事業が「自治体 SDGs モデル事業」として認定されています（神奈川の場合は、神奈川県、横浜市、鎌倉市、小田原市）。

　選定された未来都市の多くは、官民連携を視野に入れ SDGs を積極的に推進する企業を、「SDGs パートナー」といった登録や認定制度で後押ししています。

　未来都市としては、SDGs を強力に推し進める義務がありますし、企業にとっては、このような登録や認定を受けることにより、自社の SDGs 推

進を地方自治体とのパートナーシップで広げていくことも可能となります。

　今や一企業といえども地域社会との共存、共栄、協働がなければ存立が困難になる時代に入ってきたと言えるでしょう。

（4）SDGs に関わる補助金や助成金を活用する

　地方創生を推進するものとして、特に「SDGs 未来都市」に選定された自治体では、民間企業の SDGs の新たな取り組みに必要な事業費を支援する、補助金の制度を設けるところが多くなってきました。

　すでに第 1 回目の募集が終了しましたが、横浜市では「SDGsbiz サポート補助金」が実施されました。

　これは、「主に横浜市内を対象地域とする、新しい暮らし方に対応した地域の課題解決と、SDGs が掲げる 17 のゴールの達成につながる未来を見据えた取り組み」に対して、補助対象経費の 2 分の 1、補助限度額最大 200 万円が支給されるものでした。第 2 回目以降も実施が見込まれます。

　静岡県では、「地域資源の活用をはじめとする新商品や新サービスの開発、販路開拓等の積極的な取り組み、SDGs の普及に努め、静岡県内の地域課題を解決するための事業」に対して、対象経費の 3 分の 2、補助限度額最大 200 万円が支給される補助金がありました。

　その他、各地方公共団体ではさまざまな補助金等の支援策を設けていますので、ぜひホームページなどで自社の所在する自治体の制度について情報収集し、利用することを検討してみてください。

　国においては今のところ SDGs と銘打った補助金はありませんが、実質的にそれに相当するものがいくつも設けられています。

　例えば SDGs の目標 3「すべての人に健康と福祉を」に関連するものとして、働き方改革にも貢献する「テレワーク補助金」や「IT 導入補助金」などはその一例と言えるでしょう。

　企業の持続可能性を図るためのものとして、「モノづくり補助金」もそ

うですし、「事業承継補助金」も同じ範疇に入るものと言えます。

　補助金だけでなく、「時間外労働等改善助成金」などの助成金もあります。今後、省エネに貢献する事業への補助金も予想されますので、国の制度の拡充を日頃からよくチェックしておきましょう。

(5) 金融機関やファンドからの資金調達を活用する

　金融機関、特に地方銀行は地域社会との共存共栄を掲げ、地域の社会的課題解決と経済成長の両立を図ることが求められています。

　金融機関において初めて「ジャパン SDGs アワード特別賞」を受賞した滋賀銀行は、さまざまな SDGs 支援の取り組みを行っています。

　SDGs に貢献する新規事業に取り組む取引先に対し、最大 1 億円を所定の金利から最大 0.3％優遇して融資する「SDGs プラン」の取り扱いをしています。

　また、SDGs に関連した独自の私募債の取り扱いを開始し、私募債発行企業が「SDGs 賛同書」を提出することで、SDGs の普及促進につながるという取り組みも始めています。私募債発行額の 0.2％相当は滋賀銀行自身が拠出して、学校や自治体などへの支援物品の寄贈や、認定 NPO 法人などの活動団体への寄付など、幅広い支援につなげています。

　横浜銀行も同様の取り組みを行っていますので、今後、全国に広がるものと思われます。特に SDGs に貢献する取り組みへの融資が活発化するでしょう。

　「社会的インパクト投資」という言葉を最近よく耳にします。社会的インパクト投資とは、単に投資による収益の獲得だけでなく、社会的・環境的な課題解決に結びつくインパクトを生み出すことを目的として、社会に貢献できる新しい投資手法のことです。

　株式投資や投資信託といった投資に比べ、比較的ゆったりと安定した資産運用に向いています。社会貢献をしながら資産運用が可能な投資という

ことになります。社会課題解決を図る事業の立ち上げ時に、事業者の理念とビジネスモデルに共感した投資家が、社会的インパクト投資として資金を提供することが可能となるものです。

　SDGs への取り組みの一つとして、今後の成長に期待したいものです。

あ と が き

　本書は、主として中小企業経営者に向けて書かれたものです。SDGs（持続可能な開発目標）は国連で採択されたもので、政府や自治体、大企業が取り組むものという印象がありますが、私たちは、中小企業経営者にこそ活用してもらいたいと考えています。

　SDGsには不思議な力があります。今回の出版はバックグラウンドの違う3人の共著というパートナーシップを導いてくれました。

　仕事柄、中小企業の顧客と話す機会が多い3人ですが、それぞれが中小企業を経営する方々に、いかにしてわかりやすくSDGsの大切さを伝えることができるのかを考えていました。

　一般的にSDGsを勉強しようとすると、ゴール1の「貧困をなくそう」から順番に17のパートナーシップまで、その内容を理解していきます。こういった知識の取得方法は基礎知識を得るには大切な方法といえます。

　しかし、このようなアプローチによる理解方法だと、多くの中小企業経営者に、「貧困や飢餓の問題が、自社の業務と関係するのかどうかわからない」などの疑問を抱かせることもあります。これでは、SDGs経営の重要さを理解する前に、興味や関心が半減してしまいます。

　そこで我々は、何か違ったアプローチによって中小企業経営者にSDGsに関心を持ってもらい、それを自社の経営に活かす方法がないものかと模索していました。

　そして、経営者にとって関心が高いマーケティングや人事制度、マネジメントの視点からアプローチすることで、SDGsに関心を持ってもらえるのではないか、との考えで一致しました。本書は、SDGsと中小企業との関係から始まり、経営への導入の方法や具体的事例も紹介しながら、初めてSDGsに触れる方にも理解しやすいように構成したつもりです。

　ぜひ、SDGs経営を実現して、持続可能な経営、つまり100年企業を目指してもらいたいと思います。

SDGsは、持続可能な開発目標と訳されます。この「目標」という言葉にとらわれるとSDGsの魅力が半減します。

2030年の目標と思うと、「そんな先のことまで考えられない」「2030年には、社長を退任しているかもしれない」、役員であれば「違う領域の担当になっているかもしれない」と考えてしまうかもしれません。

SDGsは目標（ゴール）でありながら、ツールでもあるのです。ツールと考えれば、今の経営に活かすことができます。本書が中小企業経営者の皆様にとって、SDGs経営入門書になれば幸いです。

さて、話は変わりますが、中国武漢で発生した新型コロナウイルスは、瞬く間に世界中に広がり、多くの死病者を発生させ、今なお社会や経済に大きな影響を与えています。この急激な危機により、世界は一つであり、つながっていることを改めて知らされました。世界中の人々が協力して、このウイルスに打ち勝たねばなりません。

社会全体がコロナ禍で苦しい時ではありますが、本書を執筆中に嬉しいニュースがありました。米国が地球温暖化対策の国際的な枠組みであるパリ協定に正式に復帰しました。このニュースを聞いて、2019年10月2日〜3日に東京で開催されたアル・ゴア氏(元米国副大統領、ノーベル平和賞受賞)のトレーニングに参加した時のことを鮮明に思い出します。

当日ゴア氏は「今、米国政府は、パリ協定から離脱しているが、多くの州政府や心ある企業は温暖化対策をしている。そして国民は次の大統領選挙ではパリ協定復帰を選ぶだろう」と話し、参加した約800人の受講生から拍手喝采を受けました。

地球温暖化による影響は深刻です。我が国も、このトレーニングを受けた10月12日に、過去最強クラスの台風19号（Hagibis）が大型で強い勢力を保ったまま伊豆半島に上陸しました。台風の接近・通過に伴い、西から東日本の広い範囲で大雨・強風となり、なかでも静岡県や関東甲信越、東北地方ではこれまでに経験したことのないような記録的な大雨が降り、大規模な河川氾濫や土砂災害に見舞われました。

地球温暖化は、大雨を降らすスーパー台風を出現させ、極端な乾燥や森林火災を引き起こし、生物多様の喪失による生態系の変化など、そのマイナス影響ははかりしれず、人類は大きな危機に直面していると言えるでしょう。

　科学者のなかには、温暖化により永久凍土が溶け出し、古代の未知のウイルスが出現すると警鐘を鳴らしている人もいます。

　また、地球温暖化対策や気候変動に加え、海洋プラスチック汚染なども大きな問題となっています。50年前にペットボトルやビニール製のレジ袋が生まれたことで、我々は便利さを手に入れた反面、川や海に深刻な汚染を引き起こしました。プラスチックが、自然に分解されるまで500年かかるという学説もあります。このまま放置すれば、たった50年の行動が、500年先までの子孫に対する負の遺産となりかねません。

　我々は、新型コロナのような急激な危機に加え、こういった忍び寄る危機にも対応することが求められていることを知るべきだと思います。

　SDGs文脈でよく聞く言葉のなかに、「Think Globally, Act Locally」といういうメッセージがあります。物事は地球規模で考えますが、行動は足元から自分事として動いていかねばなりません。SDGsの重要性に気付いた者は、SDGsを自分事として捉え、具体的に取り組むことの大切さを多くの人に訴えていかねばなりません。すでに2020年から行動の10年「DECADE OF ACTION」が始まっています。

　中小企業は、まさに地域密着型の事業です。SDGsを活用して、地域や社会へ貢献し、そして経営を強靭でしなやかなものにして、100年企業を目指していきましょう。共に行動しましょう！

中島 達朗

　SDGs という言葉を初めて聞いたのは 1 年半ほど前（2019 年秋頃）だっ
たと記憶しています。共同著者の一人である中島氏より SDGs について話
を聞いたのがきっかけです。

　南米コスタリカ沖で発見されたウミガメの鼻にプラスチックストローが
詰まっていたショッキングな動画を観て、その真偽のほどはさておき、危
機感を覚えたと同時に、環境問題に対する関心が一気に広まった背景も納
得できました。

　当時、私の周囲では SDGs という言葉を聞いたこともない人が大多数を
占めていましたが、その後 TV や雑誌、広告、そして企業の積極的な取り
組みにより、今では SDGs、サスティナブル、エシカルといった言葉を見聞
きする日がないというくらい認知されています。

　先日、とあるドラマで使われていたバッグが素敵だったので、インター
ネットで調べたお店を初めて訪れました。合皮を使った製品を取り扱って
いるのは事前に確認済みでしたが、お店の方からもエシカルレザー等 SDGs
を念頭に置いた説明をされ、何よりそのドラマで起用された理由が「初め
てその分野で活躍する女性リーダーは、環境問題にも関心があるだろう」
ということだったと聞き、驚きました。情報発信者の意識はもちろん、受け
取る側の若い世代もそれを敏感に察知していることを実感した出来事でし
た。

　また、早い段階から SDGs に積極的に取り組んでいたトヨタ自動車は、「サ
スティナブル・ブランド国際会議 2021 横浜」で、生活者の SDGs に対する
企業ブランド調査で総合 1 位となりましたが、ここ最近、取引先との打ち
合わせでも、SDGs の観点から考えると〜、温室効果ガス排出量は〜という
単語が当たり前のように出てくるので驚いた、といった声を身近に聞くよう
になりました。

　SDGs に取り組んでいる企業＝よい企業、ではなく、取り組むのが当たり
前。SDGs を意識しない企業は、それにより業績が低迷してしまう時代が、
想像以上の速さでやってきていることを日々感じています。

岡　真裕美

〈参考文献〉

『SDGs が生み出す未来のビジネス』水野雅弘 / 原裕著（インプレス）

『SDGs 経営』松木喬著（日刊工業新聞社）

『Company Profile Nippon Good Parts』（NGP 日本自動車リサイクル事業協同組合）

『環境・CSR 情報誌　Vane vol. 9』（ループ）

『社会起業家の教科書』大島七々三著（中経出版）

『テキスト市民活動論』社会福祉法人大阪ボランティア協会編

『ミレニアル世代とは？　ミレニアル世代の特徴 11 選』社会人の教科書
 (business-textbooks.com)

『ミレニアル世代 vs Z 世代。その違い、特徴とは？』Customer Success (salesforce.com)

『Z 世代とは？ 特徴や価値観から考える、働き方や会社が準備すべきこと』(TUNAG)

『テレワーク実施率 22%　緊急事態宣言再発令後、低水準』(Sankei Digital)

『マイナビ 2021 年卒大学生就職意識調査』（マイナビ）

『ニューノーマルの働き方に関する調査』（ビッグローブ）

『人口減少と社会保障』山崎史郎著（中央公論新社）

『銀座ミツバチ物語』田中敦夫著（時事通信社）

『SDGs 経営』松木喬著（日刊工業新聞社）

『SDGs の基礎』沖大幹他著（事業構想大学院大学出版部）

『SDGs が問いかける経営の未来』モニター・デロイト編（日本経済新聞出版社）

『Q&A　SDGs 経営』笹谷秀光著（日本経済新聞出版社）

『SDGs ビジネス戦略』ピーター D. ピーダーセン、竹林征雄編著（日刊工業新聞社）

『SDGs 実装ゼミナール』影山摩子弥著（横浜市立大学）

『SDGs インパクト・マネジメント』（神奈川県）

『図解ポケット SDGs がよくわかる本』松原恭司郎著（秀和システム）

『SWOT 分析による経営改善計画書作成マニュアル』嶋田利広他著(マネジメント社)

『持続可能な開発目標（SDGs）活用ガイド』（環境省）

『持続可能な開発目標（SDGs）活用ガイド資料編』（環境省）

『SDGs コンパス』（公益財団法人地球環境戦略研究機関）

〈参考サイト〉

外務省　ジャパン SDGs アワード
　　https://www.mofa.go.jp/mofaj/gaiko/oda/SDGs/award/index.html
農林水産省 エコフィード
　　https://www.maff.go.jp/j/chikusan/sinko/lin/l_siryo/ecofeed.html
株式会社日本フードエコロジーセンター
　　https://japan-fec.co.jp/index.php

株式会社大川印刷
　https://www.ohkawa-inc.co.jp/
NGP 日本自動車リサイクル事業協同組合
　https://www.ngp.gr.jp/
博報堂
　https://www.hakuhodo.co.jp/magazine/86673/
松下幸之助 .com
　https://konosuke-matsushita.com/column/cat71/post-23.php
トヨタ自動車
　https://global.toyota/jp/company/vision-and-philosophy/global-vision/
トヨタイムズ
　https://toyotatimes.jp/
ネスレ日本株式会社
　https://www.nestle.co.jp/aboutus/profile
内閣府：社会的企業の定義
　https://www8.cao.go.jp/youth/kenkyu/ukyouth/2-512.html
独立行政法人 中小企業基盤整備機構
　https://j-net21.smrj.go.jp/startup/manual/list1/1-1-5.html
日本貿易振興機構（ジェトロ）：BPO ビジネス
　https://www.jetro.go.jp/theme/bop/basic.html
富士通株式会社
　https://www.fujitsu.com/jp/about/purpose/
味の素グループ
　https://www.ajinomoto.co.jp/company/jp/aboutus/vision/
第一三共株式会社
　https://www.daiichisankyo.co.jp/sustainability/
アサヒグループ
　https://www.asahibeer.co.jp/area/05/sesaku/
森永製菓株式会社
　https://www.morinaga.co.jp/1choco-1smile/
日経 BP：CRM
　https://xtech.nikkei.com/it/article/Keyword/20110104/355795/
ケアプロ株式会社
　https://carepro.co.jp/
株式会社ココカラファイン
　https://www.cocokarafine.co.jp/f/dsf_kentai
グラミン日本
　https://grameen.jp/

STRAW BY STRAW
   https://strawbystraw.thebase.in/
「ディーセント・ワーク」ILO
   https://www.ilo.org/tokyo/about-ilo/decent-work/lang--ja/index.htm
「ディーセントワークと企業経営に関する調査研究事業報告書」
厚生労働省
   https://www.mhlw.go.jp/bunya/roudouseisaku/dl/decentwork.pdf
「仕事のやりがいと楽しみ方調査」エン・ジャパン
   https://employment.en-japan.com/enquete/report-47/
「労働市場の未来推計2030」パーソル総合研究所
   https://rc.persol-group.co.jp/roudou2030/
「働き方改革特設サイト」厚生労働省
   https://www.mhlw.go.jp/hatarakikata/overtime.html
   https://www.mhlw.go.jp/hatarakikata/same.html
「長時間労働者への医師による面接指導制度について」厚生労働省
   https://www.mhlw.go.jp/content/11303000/000553571.pdf
「働き方改革に対する意識・実態調査」
リクルートマネジメントソリューションズ
   https://www.recruit-ms.co.jp/upd/newsrelease/2009241730_0086.pdf
「働き方改革と組織マネジメントに関する実態調査」RMS Research 2019
   F_RMS_Research2019_ 特集 _ol (recruit-ms.co.jp)
首相官邸 SDGs 推進本部
   http://www.kantei.go.jp/jp/singi/sdgs/
内閣府
   https://future-city.go.jp/platform/
外務省
   https://www.mofa.go.jp/mofaj/gaiko/oda/sdgs/index.html
神奈川県
   https://www.pref.kanagawa.jp/docs/bs5/sdgs/partner.html
   https://www.pref.kanagawa.jp/docs/m6c/cnt/f5782/sdgs_shien.html
横浜市
   https://www.city.yokohama.lg.jp/kurashi/machizukuri-kankyo/ondanka/
futurecity/20201130ysdgs.html
特定非営利活動法人 日本 NPO センター
   https://www.jnpoc.ne.jp/
千葉商科大学
   https://www.cuc.ac.jp/sdgs/index.html
りそなホールディングス
   https://www.resona-gr.co.jp/holdings/sustainability/sdgs/index.html

中京銀行
https://www.chukyo-bank.co.jp/
滋賀銀行
https://www.shigagin.com/about/sdgs.html
埼玉縣信用金庫
https://www.saishin.co.jp/kojin/
一般社団法人さいしんコラボ産学官
https://www.collabosgk-saitama.com/
株式会社 TBM
https://tb-m.com/company/
株式会社太陽住建
https://www.taiyojyuken.jp/
一般社団法人 SDGs 活動支援センター
https://sdgs.or.jp/

SDGs 関連用語問題　解答		
チェック	問題	解答
☐	SDGs の読み方は？	エスディージーズ Sustainable Development Goals と表記され、3 つの頭文字と最後の s を取って SDGs（エスディージーズ）と呼ばれます。日本語の訳は、「持続可能な開発目標」。
☐	SDGs が国連で採択した年は？	2015 年 9 月採択
☐	SDGs は国連加盟国何ヵ国が賛成したか？	193 の全加盟国が賛成 先進国＋途上国が全会一致で採択しました。
☐	SDGs は西暦何年までの目標か	2030 年に向けた国際目標
☐	2020 年からは「●●の 10 年」と呼ばれているか？	「行動の 10 年」：国連事務総長 SDGs サミット発言。残り 10 年で具体的な行動を求められています。
☐	SDGs のゴール数カラーホイールとは？	17　カラーホイールは 17 色の円形ロゴ 17 のゴールは、2030 年に向けて持続可能な開発に関する地球規模の優先課題を明らかにして取り組むものです。また世界のあるべき姿を描き、その達成に向けた逆引きしたゴール（目標）としています。
☐	ゴールを設定した際の 3 つのポイントは？	貧困の根絶不平等（格差）の是正先進国も含め全ての国が参加
☐	SDGs の三層構造とは？	SDGs は、ゴール（目標）とターゲット（達成基準）、インディケーター（指標）の 3 層構造から成り立っています。
☐	SDGs のターゲット（達成基準）数は？	169
☐	SDGs のゴールは「●●」、「●●」、「●●」の 3 つに分けられる	「社会」「環境「経済」 SDGs のゴールは相互に関連しています。

☐	SDGs の 5 つの P とは？	People（人間）、Planet（地球）、Prosperity（豊かさ）、Peace（平和）、Partnership（パートナーシップ）
☐	SDGs の前身の MDGs の読み方は？	エムディージーズ：2000 年から 2015 年まで取り組んだ Millennium Development Goals の頭文字
☐	SDGs の理念の一つ「●●●取り残さない」	「誰一人」：2030 アジェンダの前文にある SDGs の重要な理念 SDGs が目指す世界で、「今から創っていく未来で生きていく、まだ生まれていない世代も含めた共通の目標」であることを表した基本コンセプトと言えます。誰一人取り残さない（No one will be left behind）
☐	SDGs の理念の一つ「この世界を●●する」	「変革」：2030 アジェンダのタイトルアジェンダの副題として「我々の世界を変革する（Transforming our world）」が示されています。この世界を変革する（Transforming our world）
☐	計画立案における「ムーンショット」の意味は？	自社のあるべき姿 ※語源は、アメリカのアポロ計画の「1960 年代が終わるまでに月面に人類を立たせ、地球に帰還させる」という言葉から。未来に向けての壮大な目標や挑戦を意味する言葉として使われるようになった。
☐	計画立案における「バックキャスティング」の考え方とは？	自社のあるべき姿から逆引きする目標の立て方：今日の続きが明日のように、実績を基に目標を設定する「フロントキャスティング」（釣りをする際に前に竿を投げる）ではなく、あるべき姿（目標）から振り返って後ろに竿を投げるように目標を考えることから、バックキャスティングを呼ばれています。
☐	形ばかりの SDGs とは？	SDGs ウオッシュ：形ばかりで逆に SDGs に負の要素が多く、ごまかしになっていることを"ウオッシュ"と言います。

SDGs 経営導入自己チェックシート

経営者自己評価 〈質問〉	回 答	

1. CSR（Corporate Social Responsibility[企業の社会的責任]）

①企業として地域貢献活動（清掃活動・ボランティア等）に取り組んでいる。	☐ はい	☐ いいえ
②社員のボランティア活動（献血やベルマーク収集等）を奨励している。	☐ はい	☐ いいえ
③自治体（企業版ふるさと納税を含む）や大学等への寄付をしている。	☐ はい	☐ いいえ
④自社の CSR 取組みをホームページなどで公表している。	☐ はい	☐ いいえ

2. SDGs の理解度

① SDGs の読み方を知っている。	☐ はい	☐ いいえ
② SDGs が西暦何年までの目標であるかを知っている。	☐ はい	☐ いいえ
③ SDGs のゴール数やカラーホイールを知っている。	☐ はい	☐ いいえ
④ SDGs のゴールが「社会」「環境」「経済」に分けられることを知っている。	☐ はい	☐ いいえ
⑤「誰一人取り残さない」が SDGs の理念の一つであることを知っている。	☐ はい	☐ いいえ
⑥「SDGs ウオッシュ」という言葉の意味を知っている。	☐ はい	☐ いいえ

3. SDGs 取組みの社内啓発

①カラーホイールのバッジ（記章）を着用している。	☐ はい	☐ いいえ
②社外での SDGs セミナーに参加している。	☐ はい	☐ いいえ
③社内で SDGs 研修を実施している。	☐ はい	☐ いいえ
④ SDGs に取り組むことを社内外に宣言している。	☐ はい	☐ いいえ

4．SDGs につながる自社業務の取組み状況（後付けマッピング）

〈社会〉

①人材育成のために、社員向けの研修制度や教育制度などを設けている。	☐ はい	☐ いいえ
②多様な人材（女性、外国人、障がい者、高齢者等）を雇用している。	☐ はい	☐ いいえ
③自社商品・サービスが「社会課題（貧困・飢餓・健康・福祉・教育等）解決」に関わっている。	☐ はい	☐ いいえ

〈環境〉

①企業として環境活動（植林活動、紙の節約や節電・節水等）に取り組んでいる。	☐ はい	☐ いいえ
②温室効果ガス（二酸化炭素、メタン、フロン）排出削減に向けた取組みを行っている。	☐ はい	☐ いいえ
③自社商品・サービスが「環境課題（クリーンな水・気候変動・生物多様性）解決」に関わっている。	☐ はい	☐ いいえ

〈経済〉

①社員が働きやすい職場環境づくり（仕事と家庭の両立支援等）に取り組んでいる。	☐ はい	☐ いいえ
②グリーン調達（環境負荷が小さい商品を優先する）を行っている。	☐ はい	☐ いいえ
③自社商品・サービスが「経済課題（ディーセントワーク・イノベーション等）解決」に関わっている。	☐ はい	☐ いいえ

〈パートナーシップ〉

①自治体や自治会・商店街などとの連携・協力関係がある（協定など）。	☐ はい	☐ いいえ
②大学などの教育機関や他企業との連携・協力関係がある（共同研究など）。	☐ はい	☐ いいえ
③商工３団体に加入している。	☐ はい	☐ いいえ

5．社内体制整備		
①社員の安否確認システムがある。	☐ はい	☐ いいえ
②社員向けの防災対策を実施している（防災グッズの配布や研修等）。	☐ はい	☐ いいえ
③ハザードマップで被災想定区域や避難場所・避難経路などを把握している。	☐ はい	☐ いいえ
④社有車の交通事故防止に向けた取組みを実施している。	☐ はい	☐ いいえ
⑤事業継続計画（BCP）を作成し、定期的に訓練等を実施している。	☐ はい	☐ いいえ
⑥「働き方改革」関連（時間外管理・同一労働同一賃金等）の法施行を知っている。	☐ はい	☐ いいえ
⑦セクハラ等の各種ハラスメントを防ぐ、ルール・教育・相談体制を整備している。	☐ はい	☐ いいえ
⑧社員の健康や安全に配慮した業務運営体制の整備に取り組んでいる。	☐ はい	☐ いいえ
⑨反社会的勢力との関わりを持っていない。	☐ はい	☐ いいえ

〔著者紹介〕

岡 春庭（おか・はるにわ）

税理士・中小企業診断士・AFP
1951年、愛媛県新居浜市生まれ。香川大学卒業後、株式会社東芝に入社し10年間勤務の後、大手会計事務所に転職。1988年独立開業。
2013年ベイヒルズ税理士法人に改組し代表社員に就任。金融機関、商工会議所、各種業界団体等の講演、セミナー講師として活躍中。
ベイヒルズ税理士法人は神奈川県のSDGsパートナーとして登録され、SDGsの啓蒙にも積極的に取り組んでいる。企業版ふるさと納税について造詣が深く、株式会社JTBの「ふるさとコネクト」の監修と税務顧問に就任している。ウエルス経営・ウエルスライフをモットーに、合気道師範として「二俣川合気会」を主宰し、地域の文化交流、健康支援にも寄与している。
◇著書（監修含む）
『図解 相続は生前の不動産対策で考えよう 相続税を減らし、収益を最大化する!』（監修、クロスメディア・パブリッシング）、『会社を黒字にするとっておきの経営革新術』（セルバ出版）ほか

中島 達朗（なかじま・たつろう）

1958年、神奈川県横須賀市生まれ。千葉大学卒・青山学院大学専門職大学院卒（経営学修士・MBA）。早稲田大学トランスナショナルHRM研究所招聘研究員。
株式会社ふるサポ代表取締役・SDGsコンサルタント／一般社団法人SDGs活動支援センター事業パートナー／NPO法人プラスチック・フリー・ジャパン理事。
大手損害保険会社で、本社部長、支店長を経て理事。従業員約500名の関連会社社長を経験し中小企業経営に従事。本社で地方創生やSDGsを担当した後、社内ベンチャー制度で地方創生を支援する会社を設立して起業独立。
内閣府・自治体・商工団体・金融機関・企業でのセミナーや講演多数。
〈主な講演研修実績〉
内閣府、奈良県、宮崎県、名古屋市、静岡市、渋谷区、板橋区、川越市、愛知県中小企業団体中央会、栃木県中小企業団体中央会、川崎商工会議所、横浜銀行、栃木銀行、埼玉縣信用金庫、MS&ADホールディングス、あいおいニッセイ同和損保、日東工器など。

岡 真裕美（おか・まゆみ）

特定社会保険労務士

神奈川県横浜市生まれ。中央大学を卒業後、大手英会話学校でアシスタントマネージャーを経た後、マネージャーとして、従業員の育成や営業など、都内のスクール運営責任者として活躍。

ヒト・モノ・カネの中でも、ヒトという観点から企業の組織作りに携わりたいと2013年にベイヒルズ社労士事務所を開業。

2015年に文部科学省主催の日独勤労青年交流事業の日本代表団に選出され、ドイツ派遣時には現地の企業やハローワークを訪問。現地でどこに行っても「再生可能エネルギー」という言葉をよく耳にし、ドイツ人の環境意識の高さを知る。これが後のSDGsへの意識づけの第一歩となる。

現在は人事労務相談や各種規程の作成、働き方改革の対応等をサポートしている。

書籍コーディネーター　㈲インプルーブ　小山 睦男

カバーデザイン　㈱オセロ　熊谷 有紗

─《マネジメント社 メールマガジン『兵法講座』》─

　作戦参謀として実戦経験を持ち、兵法や戦略を実地検証で
語ることができた唯一の人物・大橋武夫(1906〜1987)。この
兵法講座は、大橋氏の著作などから厳選して現代風にわかり
やすく書き起こしたものである。

　お申し込みは https://mgt-pb.co.jp/maga-heihou/

社長のための SDGs 実践経営

2021 年　9 月 15 日　初　版　第 1 刷発行

編　者　　岡 春庭／中島 達朗／岡 真裕美
発行者　　安田 喜根
発行所　　株式会社 マネジメント社
　　　　　東京都千代田区神田小川町 2-3-13（〒 101-0052）
電　話　　03-5280-2530（代）　FAX　03-5280-2533
　　　　　https://mgt-pb.co.jp
印　刷　　中央精版印刷㈱

ISBN978-4-8378-0501-4 C0034